Einführung ins Heft

Ein Inhaltsverzeichnis, das gewöhnlich an dieser Stelle steht, erübrigt sich. Die 24 Tage des Advents strukturieren das Heft.

Zu seinem Gebrauch ist zu sagen. Es versteht sich als Arbeitsheft zu einem Adventskalender, wie er verkleinert auf dem Titelbild zu sehen ist. Eine dunkle Stadt ist in Erwartung, daß Licht aus der Höhe einbricht, daß in ihrer Mitte die Liebe Gestalt annimmt von einem Kind.

Jeden Tag öffnen wir eine Tür des Kalenders, schauen wir ein Bild, Zeichen des Heils. Texte im Heft helfen uns, die Bilder auf unser Leben hin zu deuten. Sie geben Anregungen zum Singen und Beten.

In der Familie wird es wohl in erster Linie um das Schauen der einzelnen Bilder gehen und wie daraus adventliches Beten erwachsen kann. Für die größere Gruppe des Kindergartens oder der Schule gibt das Heft Anregungen, wie das Schauen jedes Symbols vorbereitet, eingeleitet werden kann. Dazu gehören jeden Tag neu, das Sich-versammeln, die Gestaltung eines äußeren Bodenbildes als Ausdruck einer inneren Befindlichkeit. Es ist gleichsam für jeden Tag eine „Erlebnisgestalt" vorgesehen. Nun wird nicht jeder so viel Zeit haben, um alle 24 Gestaltungen zu vollziehen. Er kann wählen. Er wird Bilder, die ihm besonders wichtig erscheinen, vielleicht gerade die letzten, die mit dem Aufbau der Krippe verbunden sind, innerhalb der vorgeschlagenen ganzheitlichen Erlebnisgestalten schauen, andere wiederum nur mit den Augen und dem Herzen erfassen. Es ist abschließend zu sagen, daß das Kalenderbild insgesamt und die Symbole der einzelnen Türen sehr aufeinander bezogen sind, d. h. die Betrachtung eines Einzelzeichens oft mit der Schau des Gesamtkalenders beginnt.

Der Kalender ist in DIN A 3 Format im RPA Verlag erhältlich (Preis 12,–DM). Das Bild des 24. Dezembers ist als Großposter (A 1) gleichfalls im RPA Verlag für den Preis von 9,–DM zu beziehen.

Wir wünschen mit Heft und Kalender gute Erfahrungen.

Die Herausgeber

Der Adventskalender: Die Stadt ist verschlossen und dunkel

Jerusalem, erhebe dich! Schau die Freude, die von deinem Gott zu dir kommt. *Bar 5, 5; 4, 36*

Der 1. Adventssonntag kann im Kindergarten nicht gefeiert werden, man wird ihn am Montag feiern und so miteinander den Advent eröffnen. In diesem Jahr 1992 würde sich dann harmonisch der 1. Dezember anschließen. In der Familie ist natürlich gerade der 1. Advent ein besonderer Tag, um sich miteinander zu versammeln. Bis zum 1. Dezember, an dem der Kalender weiterzählt, fehlt dann ein Tag.

Wir gestalten als Bodenbild eine dunkle Stadt – finden uns darin ein

Die Kindergartengruppe versammelt sich im Stuhlkreis. Es kann ein bekanntes Morgenlied gesungen werden.

○ *Die Erzieherin knüpft* **2 oder 3 Seile** *zusammen, alle Kinder fassen das Seil. Dazu werden sie aufstehen.*

An diesem Morgen verbinden wir uns mit dem Seil.
Wir können es mit einer Hand stramm halten. Wir spüren: Wir gehören zusammen. Wir halten zusammen.
Wir können es auch locker halten . . . auf der offenen Hand . . . und langsam ablegen. Ob wir es rund hinlegen können? Rund wie ein Rad, rund wie die Erde, wie die Sonne, wie unser Kreis.–

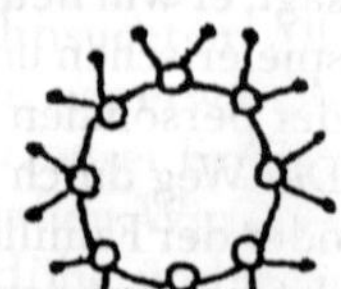

Die Kinder setzen sich wieder.

○ **Dunkelfarbige Tücher, Filzdeckchen** *– violett, dunkelbraun, schwarz – werden breitgestellt.*
Jeder darf ein Tuch in den Kreis legen – ohne es weit auszubreiten, damit alle Platz haben.
Die Fläche wird bedeckt.

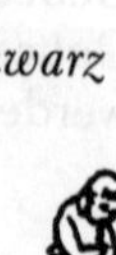

Wir schauen hin und sehen: das ist nicht hell wie die Sonne, nicht grün wie eine Wiese. Das sieht so anders aus. Wie sieht es aus? Woran können wir denken? – Einiges aussprechen lassen.
Wir können mit **der Gebärde** zeigen, wie das aussieht und woran wir denken.

Die Kinder zeigen: Trauer, Not, Angst, Alleinsein, Nacht, Schlafen . . .

○ **Dunkel klingende Instrumente** *werden bereitgestellt, z. B. Xylophon, dicke Steine, Trommel, Holzklangstäbe.*

Vielleicht können wir auch mit den Instrumenten sagen, was wir fühlen oder wo wir sind, wenn es so wie in unserer Mitte aussieht. Ist das Land dunkel geworden? Ist die Sonne untergegangen?
Die Erzieherin wird gegebenenfalls die Kinder führen: Ich sitze still im Dunkel. Ich bin traurig. Jemand kommt und geht vorbei. Ich bin allein usw.

○ **Material für Häuser** *wird bereitgestellt: kleine Steine, Stäbchen, Wollfäden, dunkle Kerne, andere Naturmaterialien.*

Jeder von uns kann auf die dunkle Erde ein kleines Haus bauen. Wir sehen viele Häuser, eine kleine Stadt. Es brennt kein Licht in der Stadt, kein Lichtschein dringt aus den Fenstern. Schlafen die Menschen? Was ist wohl hinter den Fenstern und hinter den Mauern? Was können uns die Menschen in dieser Stadt erzählen?
Die Erzieherin versucht mit den Kindern ins Gespräch zu kommen: eine dunkle Stadt, dunkle Häuser, verschlossene Fenster. Angst, Einsamkeit. Worauf warten wir? Was wünschen wir für die Häuser – für unser Haus?

○ **Material für ein kleines Zeichen** *wird bereitgestellt: kleine goldene Kugeln, Strohblumen, Edelsteine, einige bunte Perlen.*

Jedes Kind darf ein Hoffnungs- oder Lichtzeichen in sein Haus legen und dafür eine Perle oder eine Strohblume oder einen Edelstein auswählen.

Wir schauen die Stadt auf dem Adventskalender

Der Adventskalender wird in die Mitte gelegt.
Wir besingen in einem Liedvers, was wir schauen.

Franz Kett

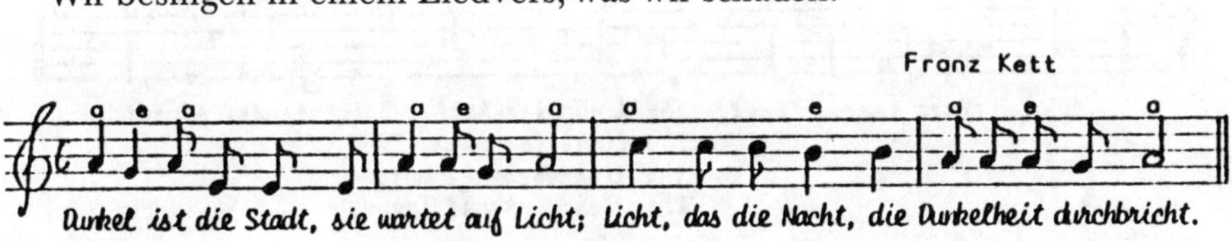

2) Verschlossen ist die Stadt in Tür und Tor. Wer wird sie öffnen, wer tritt hervor?
3) Einsam ist die Stadt, öde, fast leer. Wer bringt ihr Freude, Leben, sag wer?
4) Einsam ist die Stadt, Menschen allein. Wann wird Freude in ihr wieder sein?

Wir beten um das Kommen Jesu

○ *Ein* **Licht** *wird entzündet und in die Mitte - evtl. auf das große verschlossene Tor des Kalenders gestellt.*

Wir gehen durch den Advent. Wir warten auf Jesus, den Heiland. Er will zu uns kommen. Er kommt von Gott. Er bringt Licht und Leben, den Menschen in der dunklen Nacht, uns selbst. Wir wollen für die Menschen beten, die im Dunkeln sind, für die Menschen, deren Türe verschlossen ist.

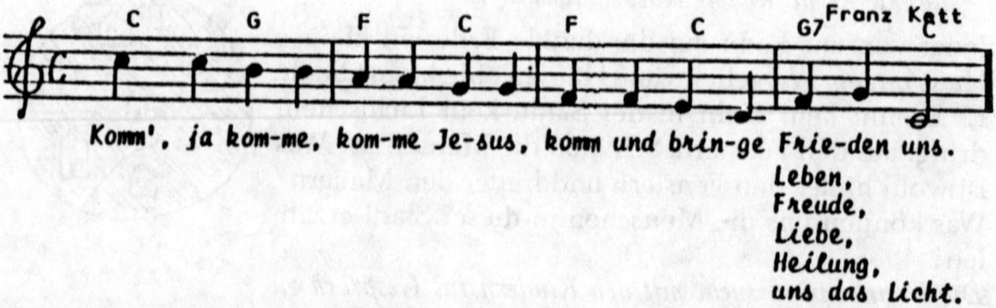

Ruf – für alle einsamen Kinder
Ruf – für alle, die im Krieg sind
Ruf – für alle, die auf der Flucht sind und kein Zuhause haben
Ruf – für alle, die ohne Freude sind
Ruf – für die Kranken
Ruf – für die, die heute sterben
Ruf – für alle, die im Streit sind und dunkle Gesichter machen.

○ In der Freude auf das Kommen kann die Feier beschlossen werden mit dem Lied (Kanon): „Seht, die gute Zeit ist nah!"

Siehe RPP 1990-4-4 oder untenstehendes Lied.

T. u. M. Neubauer

1. Dezember

Eine Schale ist geformt und offen da

Ich danke dir, Herr,
wunderbar hast du mich geformt. *Ps 139, 14*

Wir versammeln uns um eine Mitte

○ *Die Kinder treffen sich im Kreis, in dessen Mitte eine runde Decke (etwa 30 cm) gelegt wird.*

Wir **verzieren** unsere Decke am Rand mit Ringen, in die wir eine größere braune Kugel legen.

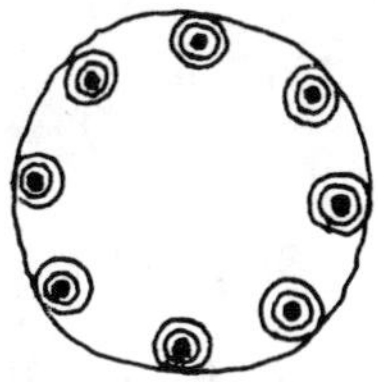

Wir versammeln uns um unsere Decke. Sie ist in unserer Mitte. Wir schauen auf unsere Füße und stellen sie auf den Boden zu einem Kreis.
Sind meine Füße da? (Der rechte Fuß? ... Der linke Fuß? ...)
Wir schließen unseren Kreis. Nacheinander gibt einer dem anderen die Hand zum Kreis.
Wir haben die Mitte geschmückt. Sie ist bereitet. Was könnten wir hineinstellen? Was wünschen wir uns hinein?

○ *Alle Kinder schließen die Augen. Jeder darf sich still etwas wünschen und es in der Mitte sehen. Evtl. mit Glockenspiel oder Harfentönen begleiten.*

○ *Wenn alle – auf ein Zeichen hin – die Augen wieder geöffnet haben, wollen sie es vielleicht erzählen. Doch dann stellt die Erzieherin selbst etwas in die Mitte:* **eine leere Tonschale.**

Wir schauen – tragen – hören die Schale

Eine leere Schale steht auf unserer Decke in der Mitte. Sie ist rund.

○ *Die Erzieherin fährt mit einem Finger auf dem Rand der Schale entlang. Ein Kind darf es nachtun. Wir hören ein leises Summen. Alle Kinder können die Bewegung mitmachen. Rund ist die Schale.*

○ *Die Schale wird einem Kind* **in die Hand** *gegeben. Es öffnet zuerst seine Hände, um die Schale zu empfangen: Die Hände spüren die Schale. Ist sie kalt oder warm? Die Schale ist rund – offen – gerade – leer.*

○ *Die Schale wird langsam von Kind zu Kind weitergegeben.*
Dabei können wir singen:

○ *Die Erzieherin hält die Schale wieder. Sie* **schlägt** *die Schale am Rand* **an,** *mit dem Fingerknöchel oder besser mit einem kleinen Klöppel.*
Die Schale läßt uns ihren Klang hören.
Wir hören ihren Ton. (Wiederholen). Will die Schale uns wohl etwas sagen?
(Kinder und Erzieherin können sich äußern:)

Der Ton wird angeschlagen: – Ich bin rund.
– Ich bin leer.
– Ich bin braun.
– Ich kann klingen.
– Leg in mich etwas hinein!
– Ich bin geformt worden. Von wem?
– Von einem Töpfer bin ich geformt.
– Er hat mich auf einer Scheibe gedreht.
– Er hat mich schön gemacht.
– Ich warte.
– Ich glänze usw.

○ *Die Schale wird wieder in die Mitte gestellt.*

Wir öffnen die 1. Tür, schauen – beten

Wir sehen eine leere Schale.
Wir halten jetzt unsere Hände wie die Schale, rund, offen, still.
Unsere Hände sprechen wie eine Schale:
Die Kinder können nochmals Worte wiederholen. Der Gegenstand wird durch die Gestik und die Worte noch weiter verinnert. Das Bild spricht von meiner Haltung: Ich bin geformt und bin jetzt offen da.

Gebet

Guter Gott, wir sind versammelt.
Jedes Kind ist da mit seinen Händen,
offen, still.
Guter Gott, du sagst: Ich kenne dich.
Danke, daß du mich geschaffen hast.
Du hast mir Augen und Ohren geschenkt.
Jetzt sind sie offen, um zu hören und zu sehen ...
Meine Hände sind offen, zu empfangen und zu geben.
Auch mein Herz will ich öffnen für dich,
guter Gott.

Weitere Gestaltung

Im Laufe des Tages können die Kinder mit Ton, Plastilin oder einem ähnlichen Material „ihre kleine Schale" formen.

2. Dezember

Die Hände sind offen – ich bin bereit

Ich aber schaue aus nach dem Herrn.
Ich warte voll Vertrauen auf Gott, meinen Retter.
Mi 7, 7

Wir kommen zur Ruhe – spüren Nähe

Unsere Schale steht im Kreis auf der verzierten Decke. Wir sind darum versammelt. Wir runden den Kreis um unsere Decke und um die runde Schale.

○ *Die Erzieherin legt eine* **Holzkugel** *in die Schale, bewegt die Schale, so daß die Kugel am Rand der Schale entlang läuft. Die Schale wird abgestellt, die Kugel wird langsamer, rollt aus, bleibt stehen, ist still.*

Wir folgen der Kugel mit den Augen und lassen die Augen dann auf der still stehenden Kugel ruhen.

Franz Kett

Ein Kind bringt die Kugel in gleicher Weise in Schwung. – Die Kugel kommt zur Ruhe. Jetzt dürfen auch unsere Füße zur Ruhe kommen. Sie stehen nebeneinander auf dem Boden: ruhig wie die Kugel.

Vers: Die Kugel kommt zur Ruhe, sie ist jetzt still.
die Füße werden ruhig, weil ich's so haben will.

Ein anderes Kind bringt die Kugel wieder in Schwung. – Die Kugel kommt zur Ruhe. Können jetzt auch unsere Hände ruhig werden? Die Finger bewegen sich, sie kommen zu den Beinen, werden langsamer und ruhen jetzt auf den Beinen aus.

Vers: Die Kugel kommt zur Ruhe, sie ist jetzt still.
Die Hände werden ruhig, weil ich's so haben will.

○ *Im folgenden werden nun nacheinander beide Hände angesprochen, sie werden gleichsam bewußt gemacht, damit wir in unseren Händen dasein können. Die Hände, die gestern die Schale geformt haben, sollen noch mehr von uns selbst sprechen, oder umgekehrt kann jeder mit seinen Händen sprechen: Ich bin da. Ich bin offen und warte.*

Wir denken jetzt an unsere rechte Hand:
Sie liegt still auf dem Bein. Da liegt der Daumen auf dem Bein. Wir wollen an den Daumen denken ... – Der Zeigefinger ist auch da. Wir wollen jetzt an den Zeigefinger denken ... – Da ist auch der Mittelfinger ... – der vierte Finger ... – und schließlich der kleine Finger ...
Die Finger und die ganze Hand (bei größeren Kindern könnte man den Handballen, das Handgelenk noch eigens nennen) liegen auf dem Bein. Meine rechte Hand ist da. Sie ist still da – wie eine Kugel.

In gleicher Weise wird nun die linke Hand angesprochen. – Meine beiden Hände sind jetzt da.

Wir schließen unsere Augen und versuchen, die rechte Hand dem rechten Nachbarn aufs Knie zu legen.

Bei recht kleinen Kindern ist es vielleicht besser, wenn dies im Kreis einfach der Reihe nach geht.

Wir legen ebenso – mit geschlossenen Augen – unsere linke Hand dem linken Nachbarn auf die Schulter.
Wenn wir die Hände wieder gelöst haben, halten wir sie vor uns, die Handflächen nach oben.

○ *Ein Kind schließt die Augen und wartet mit so geöffneten Händen, während ein anderes Kind seine Handflächen jenen nähert, ohne sie zu berühren.*

Spüren wir, wenn die anderen Hände sich nähern? Dann öffnen wir die Augen. Spürten wir Wärme, eine Kraft, die Nähe? Unsere Hände können offen sein und warten. Sie können spüren, wenn ein anderer nahe kommt. Sie spüren Wärme und Kraft. Sie können auch sagen: Ich freue mich, wenn du mir nahe kommst.

Wir öffnen die 2. Türe, schauen – beten

Wir sehen ein Mädchen, eine junge Frau.
Sie steht still da,
ein wenig nach vorn gebeugt.
Der Kopf ist leicht geneigt.
Schaut sie auf die Hände?
Die Hände sind leer und offen.

Worauf warten die Hände?
Was möchten sie empfangen?
Wollen die Hände das Licht von oben empfangen?

Sieh, ein Zweig grünt vor dem Mädchen.
Kleine, weiße Blumen blühen hinter ihm.
Die Erde bringt Blumen hervor,
die Erde ist offen und trägt das Leben.

Wir wollen uns wie das Mädchen, die junge Frau hinstellen:
auf beide Füße, mit offenen Händen.
Wir schauen auf unsere Hände.
Wir können an Maria, die Mutter Jesu, denken:
Sie war offen und bereit.
Sie hat auf Jesus, den Heiland gewartet.
Sie durfte ihn empfangen.
Sie durfte den Heiland, das Jesuskind in sich tragen.

Gebet

Guter Gott, ich stehe vor dir.
Meine Hände sind offen.
Sie sagen:
Guter Gott, ich bin offen.
Ich bin bereit.
Mein Herz ist offen.
Komm zu mir!

Mein Herz ist offen und sagt:
Komm mit deiner Liebe!
Komm mit deinem Licht!
Komm mit deinem Leben!
Komm, Herr Jesus, komm!

○ *Wir entzünden eine Kerze und stellen sie in die Schale.*

Wir schließen den Kreis so, daß die Erzieherin ihre rechte Hand wie eine Schale nach rechts hält, und das rechte Kind seine linke Hand wie eine Schale in diese Hand legt; also wie zwei Schalen ineinander. Dann streckt es seine rechte Hand wie eine Schale nach rechts aus, das nächste Kind legt seine linke wie eine Schale hinein. So schließt sich der Kreis.

Franz Kett

3. Dezember

Ein Kranz ist gebunden

Ich schließe einen neuen Bund mit ihnen.
Ich schreibe mein Gesetz auf ihr Herz.
Ich werde ihr Gott sein, und sie werden mein Volk sein.

Jer, 31, 31.33

Sich im Kreis einfinden – über einen Kranz eins werden

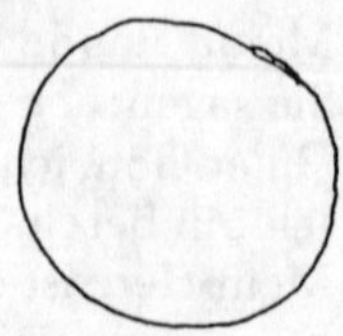

○ *Wir versammeln uns wieder im Kreis und breiten in der Mitte ein* **grünes Tuch** *aus, das wir rund formen – oder eine grüne Decke.*

Wir versammeln uns und **runden den Kreis,** schauen einmal mit den Augen rundherum: Wer ist in unserm Kreis da? Wir schließen die Augen und versuchen uns vorzustellen: Wer sitzt in unserem Kreis?

○ *Ein Kind geht einmal mit geschlossenen Augen um die runde Decke, bzw. vor den Füßen aller Kinder im Kreis.*

Die Decke liegt in unserer Mitte. Sie zeigt uns: Ich bin bereit, daß du etwas darauf legst.

○ *Die Erzieherin legt den* **Adventskranz** *ohne Kerzen und Bänder und anderen Schmuck darauf.*

Wir sehen den Adventskranz. Er sieht so schön rund aus, als wäre er aus einem Stück, und ist doch aus vielen Zweigen gebunden, **Zweig um Zweig.** So verbinden wir uns jetzt: Zweig um Zweig, Kind um Kind. –
Alle geben sich nacheinander die Hand.

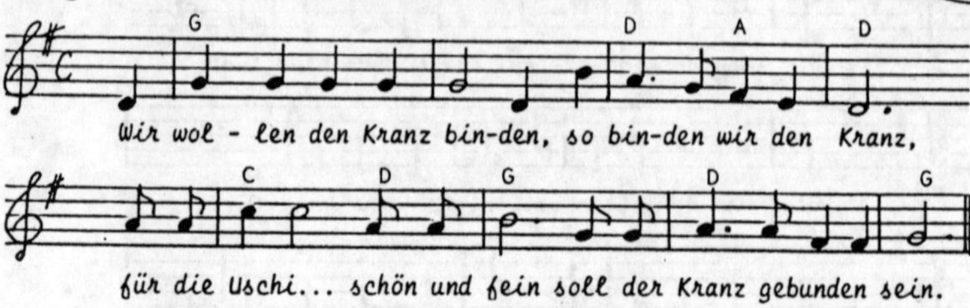

Wenn sein Name genannt wird, kann das Kind zeigen, wie der Kranz gebunden werden soll (Arme verschränken, Hände auf die Schulter legen, einhaken usw.). Auf diese Weise binden sich die Kinder immer mehr zusammen. Der Kranz beginnt von uns zu erzählen.

Wir sehen einen Adventskranz in unserer Mitte. Doch kennen wir noch andere Kränze. Welche? Wie sehen sie aus? Für wen sind sie? Was bedeuten die Kränze, wovon erzählen sie? Was sagt uns der Adventskranz?
Jetzt ist Advent.
Freut euch auf Weihnachten!
Seht die grünen Zweige! Die grünen Zweige erzählen vom Leben, wenn alle anderen Bäume kahl sind. Verbindet euch, Zweig um Zweig, Kind um Kind: Seid eins!

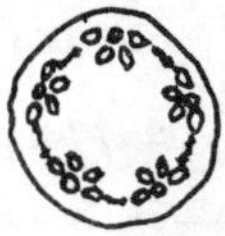

○ **Kleine runde Deckchen** *verschiedener Farbe sind bereitet, woraus jedes Kind eines auswählen kann. Die Deckchen werden gemeinsam rund um den Kranz abgelegt.*

○ **Material wird bereit gestellt:** *kleine Tannenzapfen, vergoldete Kürbiskerne und andere Samen, Strohblumen, kleine Perlen und Edelsteine etc.*

Jeder hat ein Deckchen, jeder hat seinen Platz. Darauf darf jeder einen kleinen Kranz legen, seinen Kranz – mit verschiedenem Material.

Die 3. Türe öffnen, schauen – beten

Wir sehen einen Kranz aus Zweigen und Blüten. Zweig an Zweig, Blüte an Blüte. Doch ist der Kranz fertig, suchst du vergeblich den Anfang, das Ende. Er ist rund – ohne Anfang, und Ende.
Wenn wir uns jetzt die Hände geben – einer nach dem anderen ...– ist der Kranz rund. Wo ist der Anfang? Wo ist das Ende? Wir sind wie ein Kranz ohne Anfang und ohne Ende. Niemand ist der Erste, niemand ist mehr der Letzte. Wir sind eins wie der Kranz.

Guter Gott,
wir haben einen Adventskranz in unserer Mitte.
Der Kranz sagt uns:
Eine besondere Zeit bricht an, eine Zeit, in der wir uns verbinden.
Es kommt die Zeit, es kommt ein Fest, in der Himmel und Erde sich verbinden.

○ *Eine Kerze wird entzündet und in die Mitte des Kranzes gestellt.*

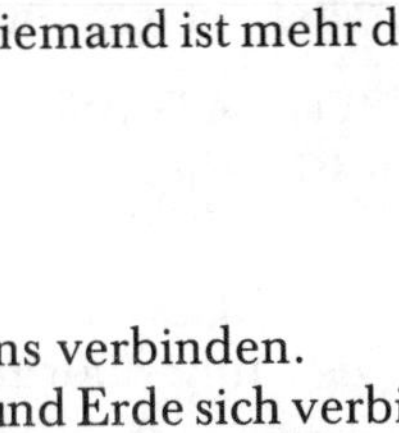

Gott, du sendest uns vom Himmel her Jesus.
Jesus kommt auf unsere Erde.
Er kommt uns nah, er verbindet sich mit uns.
Er bringt uns den Frieden.
Er kommt und schenkt uns Leben.
Er schenkt uns Gemeinschaft mit dir.

Freut euch, ihr Christen, freuet euch sehr, schon ist nahe der Herr. *(KV aus: Gl 115)*

○ *Teelichter werden entzündet. Einzelne Kinder stellen mit ihrer Fürbitte ein Licht in ihren Kranz. Der Kranz motiviert, für Frieden und Zusammenhalt zu beten.*

4. Dezember

Ein Mensch ist traurig und allein

Sagt den Verzagten: Habt Mut, fürchtet euch nicht!

Js 35, 4

Sich versammeln – in Dunkles einfühlen

○ *Die Kinder versammeln sich im Stuhlkreis.*

Gestern hat in unserer Mitte der Adventskranz gestanden. Wir verbinden uns am Morgen – nach rechts und links. Wir wünschen einander einen guten Tag.
Die Kinder singen ein adventliches Lied aus den Tagen zuvor oder ein einfaches Morgenlied.

○ *Ein* **schwarzes Tuch** *wird in der Mitte ausgebreitet.*

Das Tuch ist dunkel, schwarz wie die Nacht. In der Nacht ist es still. Die Füße werden still ... Die Hände ruhen aus ... Die Augen fallen zu ... Es wird dunkel. Es ist still ... – *Alle öffnen die Augen wieder.*

○ *Ein Kind darf sich jetzt auf das schwarze Tuch setzen. 4 bis 6 andere Kinder erhalten jeweils ein schwarzes Tuch; sie entfalten sie und stellen sich* **mit den schwarzen Tüchern um das Kind** *in der Mitte.*

Wo bist du? – Auch alle anderen dürfen mitüberlegen: Wo ist es jetzt? Was ist geschehen? Was kannst du rufen?

○ *Nach Wiederholungen werden die Tücher an das mittlere Tuch* **außenherum abgelegt.** *Die Tücher können großflächig abgelegt werden oder schmäler wie ein dunkler Ring, eine Mauer.*

Wir erinnern uns an die dunkle Stadt, die verschlossenen Tore. Es ist Nacht. In der Nacht kann es unheimlich sein. Manchmal können Menschen am hellen Tag nicht froh sein und wie die Sonne lachen, sondern sind dunkel, ihr Gesicht ist traurig. Wir denken an solche Menschen. Für sie legen wir ein Zeichen hin.

○ *Die Kinder legen aus bereitgestellten* **Materialien** *Zeichen für Trauer, Streit, Leid und Not in die Dunkelheit: Steine, Dornzweige, Fesseln, etwas Zerbrochenes, eine welke Blume, einen dürren Ast.*

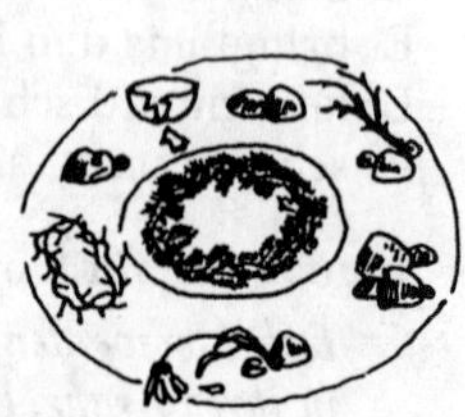

Wir öffnen die 4. Türe, schauen – beten

Wir sehen einen Menschen.
Er sitzt im Dunkeln.
Er sitzt auf einem großen, schweren Stein.
Er stützt den Kopf in die Hand.
Er ist traurig.
Sitzt er im Gefängnis?
Ist er im Keller?
Sitzt er vor einer Mauer, vor einem Tor und kann nicht hinein?
Öffnet ihm niemand das Tor?
Kommt niemand zu ihm?
Wartet der Mensch auf jemanden?
Was denkt er wohl in seinem Herzen? Was kann er uns sagen?

Ich bin allein. Ich habe Angst.
Ich bin traurig. Ich habe keinen Freund.
Ich bin eingeschlossen. Niemand denkt an mich.
Ich habe kein Zuhause, weder Vater noch Mutter.

Viele Menschen sind traurig. Waren wir auch schon einmal traurig? Viele Menschen weinen nachts, sie haben Schmerzen, sie haben viele Sorgen und wissen nicht weiter: Wie wird es morgen werden? Davon singt ein altes Lied:

aus GL 106

Gebet

Beim Gebet kann jeweils ein gelbes oder grünes schmales **Band** *vom Adventskranz zu einem Zeichen gelegt werden. Alles Leid wird mit dem Adventskranz und seinem Licht verbunden.*

Wir beten für alle Gefangenen – Allen Menschen wird zuteil . . .
für unsere Kranken –
für die Einsamen –
für die Mutlosen –
für jene, die schwere Lasten schleppen usw.

5. Dezember

Wir teilen das Brot

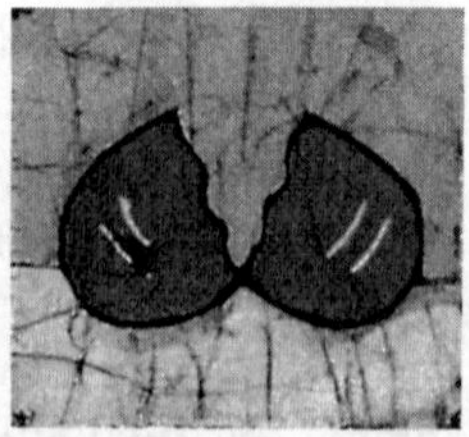

Gebt ihr ihnen zu essen! *Mk 6, 37*

Ein Stück Brot wird unsere Mitte

Wir versammeln uns im Stuhlkreis. Gestern hatten wir ein Türchen geöffnet und in einen dunklen Raum geschaut. Da war einer einsam, allein, traurig. Wir durften heute morgen aufstehen, ein neuer Tag ist uns geschenkt. Wir verbinden uns wie die große Sonne und öffnen uns, daß wir den Tag und das Licht einlassen.

○ *Alle Kinder im Kreis geben sich die Hände, erheben sie und werden einmal weit und offen. Dann senken sie langsam wieder die Hände.*

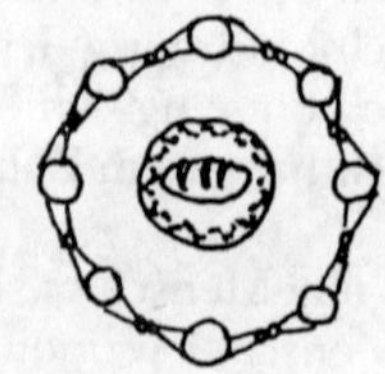

○ *Eine* **runde Tischdecke,** *ca. 80 cm Durchmesser, wird in die Mitte gelegt. Eine* **Scheibe Brot,** *in ein weißes Tuch gehüllt, wird darauf gelegt.*

Wir können langsam das Tuch öffnen, Stück für Stück.– Brot ist in dem Tuch, eine Scheibe Brot.

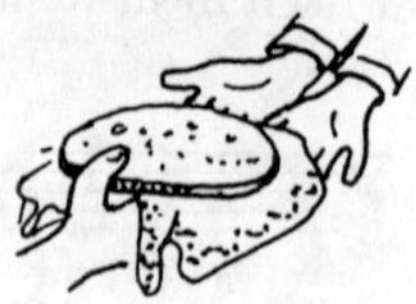

○ *Das Brot auf dem Tuch wird ohne Worte von Kind zu Kind in die offenen Hände* **weitergegeben.** *Durch das Tuch kann die Kostbarkeit noch unterstützt und können im Kind das Staunen und die Ehrfurcht angerührt werden.*

Das Brot liegt wieder in unserer Mitte, Brot, das aus vielen Körnern bereitet ist. Wir können an vieles denken, wenn wir das Brot sehen. (An die Mutter, die uns das Brot auf den Tisch stellt, an Sonne und Regen, die braune Erde, das Korn auf dem Feld, den Bauer, das Mehl und den Bäcker, an Menschen, die hungern usw.). Woran jedes Kind jetzt denkt, wenn es das Brot sieht, das darf es auf die Tischdecke gestalten, z. B. Sonne, Wasser, Tisch.

○ **Material** *wird dafür bereitgestellt.*

Wir öffnen die 5. Türe, schauen – beten

Wir sehen eine Scheibe Brot. Sie ist gebrochen, sie wird geteilt.
Wer hat sie geteilt? Die Mutter, der Vater? Für 2 Kinder?
Soll noch mehr geteilt werden?
Wenn die Mutter das Brot für uns teilt, sagt sie: „Komm und iß! Du sollst satt werden."
Sie sagt: „Komm und iß! Schön, daß du da bist."

Wenn wir das Brot teilen, dann sagen wir:
„Sei bei mir! Du bist mein Freund.
Ich will dir Leben schenken."

Wir teilen, was wir haben.
Wir teilen die Sonne und den Regen,
die Freude und die Last,
laßt uns teilen Liebe und Not.
Wir brechen unser Brot.

Es ist schön, das Brot miteinander zu teilen und zu essen.
Doch denken wir auch an die Menschen, die nicht teilen. Sie halten alles fest.
Sie wollen immer mehr haben und nichts weggeben.
Sie sagen: „Das gehört nur mir!"
Sie verschließen die Hände, sie zeigen: „Ich gebe nichts her."

Gebet

Guter Gott,
Brot, eine Scheibe Brot liegt in unserer Mitte.
Wir haben sie empfangen und getragen.
Jeden Tag dürfen wir Brot essen.
Jeden Tag haben wir, was wir zum Leben brauchen.
Unsere Hände sind gefüllt.
Wir haben genug und können teilen.
Guter Gott, wir danken dir.

Guter Gott, laß uns teilen.
Hilf uns, daß wir achtsam und mit dankbarem Herzen
das tägliche Brot essen.

○ *Das Brot wird geteilt, indem jedes Kind sich ein Stückchen abbricht und die Scheibe weiterreicht.*

6. Dezember – 2. Adventssonntag

Wir feiern heut St. Nikolaus

Was ihr dem geringsten meiner Brüder getan habt,
das habt ihr mir getan. *Mt 25, 40*

Wir versammeln uns um den Adventskranz – finden uns in Hauszeichen ein.

Wir versammeln uns im Kreis und legen die **runde Decke von gestern** wieder in die Mitte. Wir erinnern uns: Gestern haben wir hier das Brot geteilt. Heute tragen wir den Adventskranz in die Mitte und dürfen eine **2. Kerze** entzünden.

○ *Beim Entzünden jeder Kerze singen wir eine Strophe.*

1. Wir sagen euch an den lieben Advent. Sehet, die erste Kerze brennt.
   Wir sagen euch an eine heilige Zeit. Machet dem Herrn die Wege bereit.
2. Wir sagen euch an den lieben Advent. Sehet, die zweite Kerze brennt.
   So nehmet euch eins um das andere an, wie auch der Herr an uns getan.

(GL 115)

Wir können die 2. Strophe nochmals singen und wollen einander auch annehmen, wie wir singen: „eins um das andere annehmen." Wir geben uns dabei die Hände.

So sind wir jetzt im Haus versammelt, in diesem Haus, wo wir miteinander singen und spielen, miteinander auch teilen und einander helfen, wo wir uns freuen und manchmal auch traurig sind und weinen.

○ *Einiges* **Material** *wird bereitgestellt: Stäbchen verschiedener Größe, Holzplättchen, kleine Zapfen, Scheibenperlen, u. a. Jedes Kind darf vor sich, rund um die Decke, und wenn es wenige Kinder sind, auch auf die Decke ein kleines Haus gestalten.*

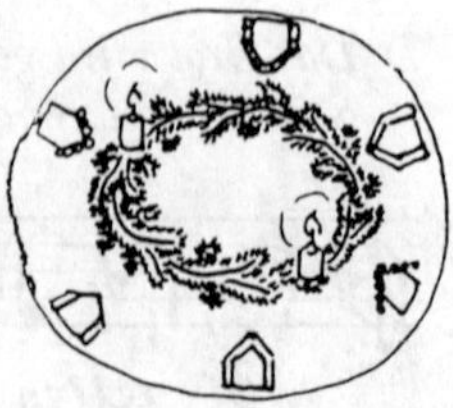

Wir sehen eine kleine Stadt, ein Dorf. Viele Häuser stehen zusammen Was geschieht in den Häusern? Können wir das auch zeigen und spielen?

○ *Alle Kinder nehmen das auf, was eines vormacht.*

Manches sehen wir nicht, darüber reden wir oft nicht: wenn jemand im Haus traurig ist; wenn da eine Familie Hunger leidet; wenn Kinder krank sind; wenn Streit im Haus ist; wenn nachts ein Kind Angst hat. Das sehen wir nicht. Wer weiß das schon? Wer kennt die Not der Menschen? Heute feiern wir einen Festtag, das Fest des heiligen Bischofs Nikolaus. Er hatte ein Herz für die Menschen, er sah ihre Not, er ging nicht vorbei.

Wir öffnen die 6. Türe – schauen die Zeichen des Heiligen

Wir sehen einen Sack, prall gefüllt und zugebunden. Dabei steht ein Stab. Das ist der Bischofsstab. Auf den Stock und Stab kann sich der Bischof Nikolaus stützen. Damit kann er an die Türen klopfen. An dem Stock ist oben das Zeichen von Jesus, das Kreuz. Wenn Bischof Nikolaus mit dem Bischofsstab durch die Stadt geht, dann hat er immer Jesus im Sinn, denkt er an Jesus und daran, wie Jesus die Menschen liebt. Dann betet er: „Jesus, ich will die Menschen lieben, wie du sie liebst."
In dem Sack sind seine Gaben. Damit geht er zu den Armen – Kindern, um sie zu beschenken.

○ *Eine* **Mitra** *wird in die Mitte (des Adventskranzes) gestellt.*

Das ist eine Mitra, eine Bischofsmütze. Mit dem Stab und der Bischofsmütze geht Bischof Nikolaus zu den Menschen. Sie erkennen ihn und wissen: „Da kommt ein guter Hirt." Sie sagen: „Bischof Nikolaus ist ein guter Hirt. Mit seinen offenen Augen sieht er, was uns fehlt. Mit seinen offenen Ohren hört er unser Schreien. Mit seinen offenen Händen teilt er uns das Brot. Mit seinem guten Herzen hat er uns gern.

○ *Ein* **kleines Säckchen,** *gefüllt mit verschiedenen Dingen, wird in den Kreis gestellt*

○ *Eventuell kommt jetzt „der Nikolaus", um aus seinem Sack auszuteilen. Sonst geht die Erzieherin im Kreis, um in jedes Haus etwas aus dem Sack zu schenken.*

2. Oft gibt er da ein gutes Wort und dort ein Stückchen Brot,
er hilft und heilt an manchem Ort und lindert große Not.
3. So feiern wir sogar noch heut, den guten Nikolaus.
Wir haben alle große Freud, leert er den Sack uns aus.

○ *Nun wird ein* **großer Sack** *hereingetragen, mit Säckchen, für jedes Kind eines.*

Gebet

An der 2. Adventkerze werden kleine Lichter für die Häuser der Kinder entzündet.
Wir bitten Gott um offene Augen – Ohren – Hände – Herzen, wie St. Nikolaus sie besaß.
Wir teilen untereinander, was wir in unserem Haus empfangen haben.

7. Dezember

Wir empfangen im Krug und schenken aus

Ich war durstig,
und ihr habt mir zu trinken gegeben. *Mt 25,35*

Wir erfassen einen Krug – empfangen aus ihm

Wir sind im Kreis versammelt; in unserer Mitte liegt wieder die **runde Tischdecke** vom Tag zuvor. Wir sind wie an einem Tisch versammelt. Jeder hat seinen Platz. Gestern haben wir das Fest des heiligen Nikolaus gefeiert. - Wir haben miteinander geteilt und uns gefreut.
Wir geben uns jetzt die Hand, und sagen es einander wieder: Schön, daß du da bist. Laß uns Freunde sein am selben Tisch!

○ *Ein* **Tonkrug** *wird einem Kind gegeben, das ihn durch den Kreis trägt.*

Wir sehen einen Krug. Er ist aus Ton wie die Schale vor einigen Tagen. Jedes Kind soll den Krug einmal in Händen halten.

○ *Der Krug wird* **im Kreis weitergereicht,** *aber auf eine besondere Weise: Wenn es möglich ist, soll das Kind jeweils den Krug* **mit geschlossenen Augen** *empfangen und einen Moment seine Form* **ertasten.** *Das letzte Kind stellt ihn in die Mitte zurück.*

Wir sehen den Krug und zeigen mit den Händen, wie er aussieht. – Wir können auch spielen, was man mit ihm tun kann (ausgießen, tragen, schöpfen, dem anderen einschenken, daraus trinken, hinstellen, Blumen hineinstellen, u. a.).

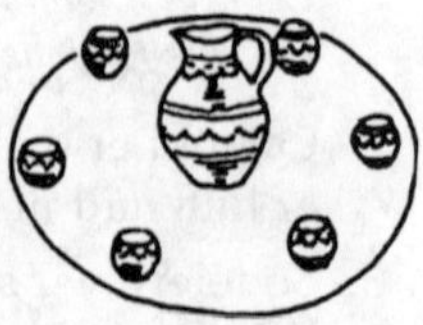

○ *Jedes Kind empfängt einen* **Becher,** *vielleicht auch aus Ton, und stellt ihn vor sich auf die Tischdecke.*
Der Krug wird mit Saft oder Tee **gefüllt.**

Wir öffnen die 7. Türe, schauen – schenken aus – trinken

Wir sehen einen Krug und einen Becher.
Der Krug ist verziert.
Der Krug hat einen dicken Bauch, er kann viel fassen.
Womit kann er gefüllt werden?
Wer wird ihn füllen?
An wen kann er austeilen, ausschenken?
Wer kommt, um zu trinken?

Der Krug auf unserem Tisch ist gefüllt. Wir können einander etwas davon ausschenken.

○ *Jedes Kind schenkt dem anderen etwas Saft* **in den Becher** *aus.*
Wir trinken aus dem Becher. Wir trinken, was uns jemand geschenkt hat.

Gebet

○ *Eine* **Kerze** *wird entzündet und auf die Tischdecke gestellt.*

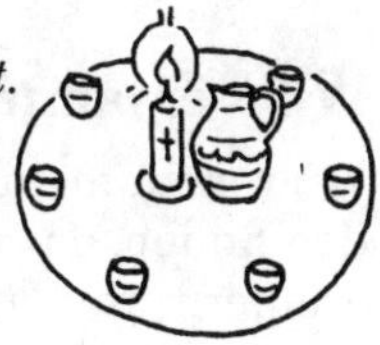

Guter Gott,
wir haben aus dem vollen Krug ausgeschenkt.
Jeder hat empfangen,
jeder hat ausgeteilt.
Wir haben miteinander geteilt, was im Krug ist.
Wir haben empfangen und gegeben: –
so wird Friede in unserem Kreis.
Wir sind einander gut.
Wir werden eins an diesem Tisch.

Guter Gott, wir denken auch an Bischof Nikolaus.
Er hat ausgeteilt, was er hatte:
Er hat den Hunger und den Durst der Armen gestillt.
Er hat Leben – Freude geschenkt.

Guter Gott, jetzt feiern wir Advent,
bald wirst du uns beschenken.
Du schenkst uns Jesus:
Er bringt uns neues Leben.
Er bringt den Frieden.
Er stillt unseren Hunger und Durst.
Er macht uns froh.

○ *In einem mit Gestik verbundenen Ruf bitten wir um das Kommen Jesu.*

Franz Kett

Für Maran athan können wir auch singen:
Bringe Frieden, Leben, Freude......

8. Dezember

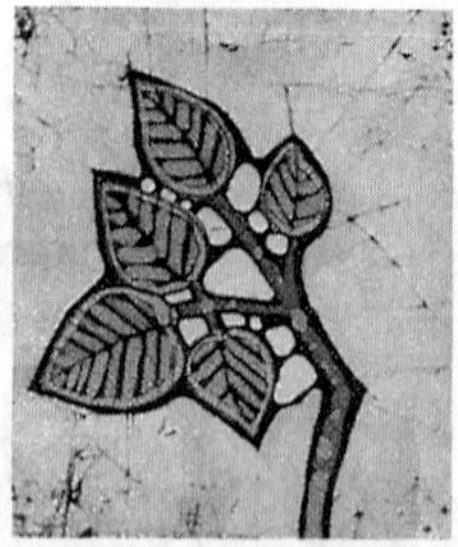

Ein Zweig beginnt zu grünen

Aus dem Baumstumpf Isaias wächst ein Reis hervor,
ein junger Trieb aus seinen Wurzeln bringt Frucht.

Js 11, 1

Wir versammeln – verwurzeln uns

Wir versammeln uns im Stuhlkreis und legen diesmal ein **braunes Tuch** auf den Boden, das wir rund formen. Die braune Farbe kann uns an die Erde erinnern, an den braunen Acker, der jetzt still daliegt.

○ *In der folgenden eutonischen Übung sollen die Kinder innerlich dem Boden nahekommen und die später anzuschauende Wurzel schon voraus verinnern. Die Erzieherin muß den Weg langsam und mit Einfühlungsvermögen mit den Kindern mitgehen.*

Wir dürfen unsere Füße auf die Erde stellen, auf den Boden in diesem Zimmer. – Wir haben zwei Füße. Wir haben einen rechten Fuß . . . und stellen ihn wieder vor uns hin.
Unser rechter Fuß steht auf der Erde. Wir denken jetzt nur an den rechten Fuß. Er steht auf dem Boden. Die ganze Fußsohle von der Ferse bis zu den Zehen steht auf dem Boden. Die Fußsohle spürt den Boden . . . Die Zehen, fünf Zehen, spüren den Boden. – Der rechte Fuß ist wie eingewurzelt. Er steht auf der Erde.

Der rechte Fuß kann so stehen bleiben. Dann heben wir ein wenig den anderen Fuß, das ist der der linke . . . und stellen ihn wieder hin, vor uns hin, usw.

Wir haben zwei Füße, einen rechten und einen linken. Beide Füße stehen jetzt auf dem Boden, verwurzelt. Sie haben Halt und Stand.–
Wir bleiben einen Moment so sitzen.

○ *Die Erzieherin stellt eine* **Wurzel** *auf das braune Tuch.*
Eine Wurzel steht in unserer Mitte. Wir sehen sie. Unsere Füße können wie Wurzeln sein. Die Wurzeln wachsen in die Erde, nach unten, immer tiefer. Sie drükken nicht, sie wachsen still und leicht, man spürt sie kaum – und fein wachsen sie unter die Erde. Die Wurzeln sind in der Erde, sie tragen einen kleinen Stamm oder auch einen großen. Wenn wir jetzt die Augen schließen, dürfen wir träumen, was wohl aus der Wurzel in unserer Mitte wachsen könnte: ein Zweig? Eine Blume? Welche Farbe hat sie? Wird es ein Baum?

Wir öffnen die 8. Türe, schauen und fassen einen Zweig

Was sagen die Wurzeln am Weg, der Zweig in der Tür? Ich bin grün. Ich sprieße aus der Wurzel. Ich bin ein neuer Trieb, voll Saft und Kraft. Wie alt mag meine Wurzel sein? Vielleicht hat jemand gesagt, aus der alten Wurzel wächst kein Zweig mehr. Doch sieh, sie fängt zu grünen an!

○ *Ein* **kleiner Tannenzweig** *wird von Hand zu Hand gereicht, indem ein Kind vom anderen mit geöffneten Händen den Zweig empfängt. So wird er wie eine Gabe weitergeben. Der Zweig wird schließlich an die Wurzel gesteckt.*

○ *Ein Korb mit* **vielen kleinen Tannenzweigen** *wird im Kreis herumgereicht, und jedes Kind nimmt sich einen Zweig heraus und legt ihn an die Wurzel.*

Was will uns Gott in Wurzelstock und Zweigen sagen? Die alte Wurzel wird wieder ausschlagen. Sie wird grünen.
Ein junger Trieb wird hervorbrechen.
Gott ist treu und vergißt euch nicht.
Aus der alten Wurzel läßt er neues Leben hervorbrechen.

○ *Eine* **Kerze** *wird entzündet und zur Wurzel gestellt.*

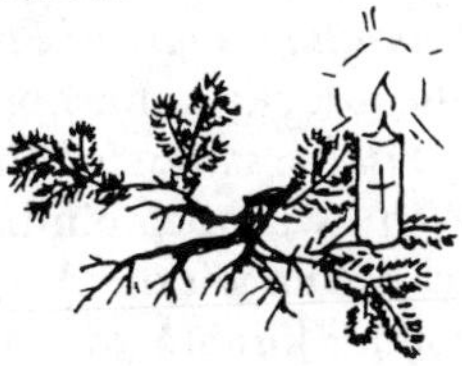

Gebet

Guter Gott,
die Erde ist im Winter oft hart und wie tot.
Die Wurzel ist abgehauen und alt.
Sie scheint wie tot, gestorben.
Wo finden wir das Leben?

Guter Gott, du liebst die Menschen
und sagst uns die Botschaft:
„Aus der alten Wurzel wird ein kleiner Zweig hervorkommen“,
denn du hast die Menschen nicht vergessen.
Du wirst uns das Jesuskind schenken,
den Heiland und den Retter.
Er bringt uns neues Leben.
Über ihn werden sich alle freuen.

Lied

O Erd, schlag aus, schlag aus, o Erd,
daß Berg und Tal, grün alles werd.
O Erd, hervor dies Blümlein bring,
o Heiland, aus der Erde spring. *(GL 105, 3. Str.)*

9. Dezember

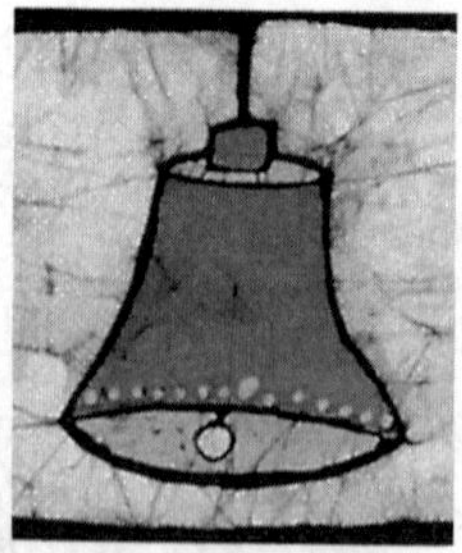

Eine Glocke klingt und ruft

Er weckt an jedem Morgen mir das Ohr,
damit ich wie ein Jünger höre. *Js 50, 4*

Wir versammeln uns im Horchen – Lauschen

Für diese Versammlung und Übung ist eine **kleine Glocke** *nötig, die gut* **nachklingt, und** *ein anderes, recht kleines* **Glöckchen** *mit einem zarten Ton.*

Wir sind im Kreis versammelt. Ein Kind ruft das nächste im Kreis beim Namen und gibt ihm die Hand. So schließt sich heute der Kreis. Fehlt heute jemand? Auch ihre Namen wollen wir hören und an sie denken. Sie gehören zu uns.

○ *Die Erzieherin holt aus einem Körbchen langsam eine* **kleine Glocke,** *die z. B. an einem Band aufgehängt ist.*

Wir sehen eine Glocke. Die Glocke kann klingen.
– Ausklingen lassen! Stille.
Die Glocke kann noch einmal klingen. Der Ton klingt . . . und wird leiser.
– Ausklingen lassen! Stille.
Wenn wir noch einmal die Glocke hören, und der Ton leise geworden ist, schließen wir die Augen. Wir warten mit geschlossenen Augen, bis der Ton wieder klingt.

○ *Die Glocke wird in das Körbchen zurückgetan.*

○ *Ein Kind tritt in die Mitte des Kreises. Es schließt seine Augen und wartet, bis es einen besonderen Ton hört.*
Die Erzieherin tritt mit einem sehr **kleinen, zarten Glöckchen** *heran und „schenkt" ihm einen zarten Ton, so zart, daß die anderen Kinder im Kreis ihn kaum vernehmen. – Wiederholungen.*

Das Glöckchen kann auch so im Kreis weitergegeben werden, daß einer nach dem anderen mit geschlossenen Augen einen zarten Ton empfängt.

Es könnten auch alle Kinder im Kreis die Augen schließen, die **Glocke** *ertönt, der Ton verklingt – und leise wird von der Erzieherin ein* **Name** *gerufen. Dieses Kind öffnet seine Augen. Wenn der neue Ton wieder verklungen ist, kann dieses Kind (oder die Erzieherin) nun leise einen anderen Namen rufen, usw.*

Die Glocke klingt und sagt uns:
Ich rufe dich. Ich wecke dich auf.
Mach die Ohren auf! Hör in die Stille!
Kannst du warten, bis ich wieder rufe?

Wir haben ein kleines Glöckchen und hier eine größere Glocke. Es gibt noch größere Glocken, große Glocken, die kann niemand mehr tragen. Sie hängen im Kirchturm. Ihr Ton klingt weit in die Stadt und über das Land.

Wir öffnen die 9. Tür, schauen – bedenken

Wir öffnen heute das Fenster im Kirchturm.
Wir sehen eine Glocke.
Was ruft die Glocke im Kirchturm?
Komm und versammle dich mit anderen Menschen im Gotteshaus!
Komm zum Gebet! Gott ruft dich!
Vergiß ihn nicht! Hör, was Gott dir sagen will!

Was will Gott uns sagen?
Wir feiern den Advent. Wir warten auf Weihnachten.
Gott sagt: Ich will in deiner Stadt wohnen,
in deinem Haus, in deinem Herzen. Bei dir will ich sein.

Wir können hören.
Da denke ich auch an Maria, eine junge Frau.
Sie konnte still dasein . . . und hören.
Sie hörte in die Stille,
sie horchte in ihr Herz.
Und sie hörte Gott sprechen:
„Maria, du sollst die Mutter Jesu werden.
Du sollst den Heiland, das Jesuskind, tragen."

Wir beten – rufen zu Gott mit Mund, Herz und Händen

Guter Gott,
laß uns still werden, daß wir dich hören.
Im stillen Herzen rufst du uns mit Namen.
Du kennst uns.
Wir danken dir.
Du hast Maria mit Namen gerufen:
„Maria, du sollst die Mutter Jesu werden."
Mit ihr freuen wir uns, wenn Jesus geboren wird,
der Heiland und Erlöser.

T. u. M. H. Neubauer

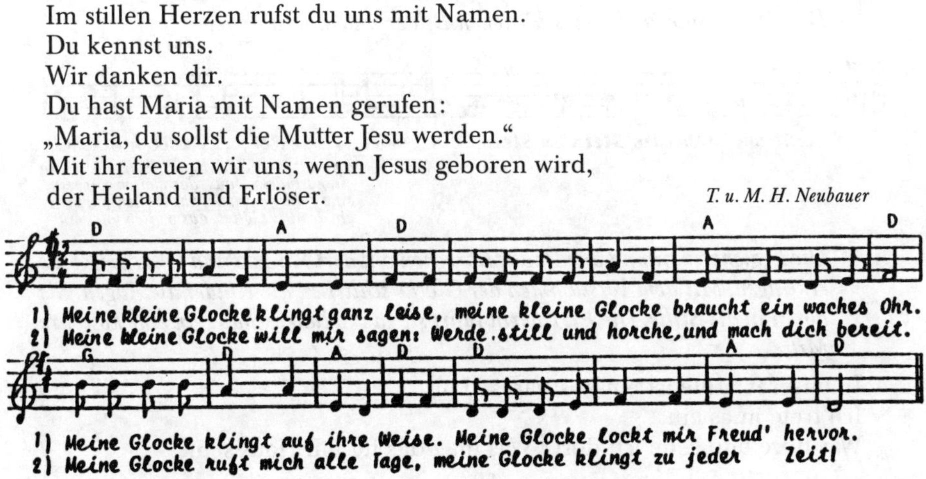

10. Dezember

Menschen beten und schauen aus nach Gott

Ich freute mich, als man mir sagt:
Zum Haus des Herrn wollen wir pilgern. *Ps 122, 1*

Wir gestalten eine kostbare Mitte – treten in sie ein

○ *In die Mitte unserer Versammlung legen wir eine große* **helle, runde Decke,** *die so groß ist, daß ein Kind sich später darauf setzen kann, 80–100 cm Durchmesser. Die Decke wird außen herum mit* **Bauklötzen** *und* **goldenen Kugeln** *verziert.*

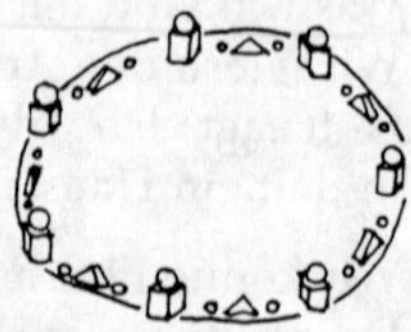

Unsere Decke ist geschmückt. Die Mitte ist kostbar geworden. Da ist Platz, daß jemand hineintritt.

○ *Ein Kind darf hineintreten und* **sich setzen.**

Wo bist du jetzt?
Du darfst die Augen schließen und ein wenig träumen, wo du jetzt bist. Du siehst die goldenen Kugeln und die Bausteine um dich. Du sitzt in der Mitte, kostbar. Wo ist so ein schöner Ort?
Die Kinder können ihren Eindruck äußern: Schloß, kostbares Haus, Krone.

○ *Die Kinder spielen die verschiedenen Bilder und singen dabei:*

Franz Kott

ein kostbares Schloß, das wollen wir sein
ein kostbares Haus, das wollen wir sein
eine goldene Krone, das wollen wir sein
ein Tempel Gottes, das wollen wir sein

○ *Die Erzieherin nimmt wieder das Körbchen mit der* **Glocke** *und läßt die Glocke erklingen. Mit dem Verstummen der Glocke schließen die Kinder die Augen. Sie hören in die Stille. Die Erzieherin führt sie in die Innenschau – in eine kostbare Mitte.*

In unserer Mitte ist ein kostbares Haus.
Ich trete in es ein.
Was höre und sehe ich dort? Was mag das für ein Haus sein?

Wir suchen auf dem Kalender die Kirche, öffnen ihre Türe (10. Tor) – schauen – bedenken

Menschen sind in der Kirche versammelt.
Ein Kind, ein Mann, eine Frau; vielleicht eine Familie.
Sie stehen wie in einem hellen Tor.
Sie sind in die Kirche eingetreten, in das Haus Gottes.
Hat die Glocke sie gerufen?
Sie schauen nach vorn.
Was sehen sie?
Worauf warten sie?

Seht ihr, wie sie die Hände halten?
Sie haben die Hände gefaltet.
Sie beten.
Die Hände sagen: „Gott, ich bin da."

○ *Eine* **Kerze** *wird entzündet und in die Mitte des Kreises, in das „Haus", gestellt.*

Gebet

Wir können mit den Menschen auch unsere Hände falten und beten – rufen:

oder auch Maranathan
siehe S. 21

Jetzt ist Advent. Jesus, wir schauen aus nach dir.

Ruf: Komm Herr Jesus, komm zur Erde!

Wir heben unsere Hände nach oben, wir strecken uns aus nach der Sonne, dem Licht, nach Gott!

Ruf: Komm Herr Jesus, komm zur Erde!

Bring uns deinen Frieden! Bring uns deine Liebe!
Bring uns deine Freude. Bring uns dein Leben!

Ruf: Komm Herr Jesus, komm zur Erde!

Ja, komm Herr Jesus, komme bald. Amen!

11. Dezember

Das Licht einer Kerze leuchtet

Der Herr ist mein Licht und mein Heil. *Ps 27,2*

Sich in einem Strahlenkranz versammeln

Das Licht, das in der Dunkelheit aufleuchtet, versinnbildet in besonderem Maße die Wirksamkeit dessen, der da kommen soll und erwartet wird. Messias wird er genannt, Retter, Heiland, Erlöser, Licht vom Licht, Gottes Sohn.

○ *Die Kinder treffen sich im Kreis. Ist die Feier am hellen Tag, sollten die Fenster verdunkelt sein! Die helle, runde Decke ist der Zentrierungspunkt. Die Kinder finden sich mit einem adventlichen Lied ein.*

○ **Material** *wird bereitgestellt: goldene Kugeln, Ringe, goldenene Kartonstreifen, gelbe Muggelsteine und anderes. Die Erzieherin beginnt die Decke am Rand einfach und klar zu* **schmücken,** *so daß die Kinder die Form leicht aufnehmen können und der Eindruck einer strahlenden Sonne, eines Sternes, eines Lichtkreises geweckt werden kann.*
Wir sehen einen Strahlenkranz in unserer Mitte. Wir fassen uns an den Händen und heben sie. Wir wollen der Strahlenkranz sein.

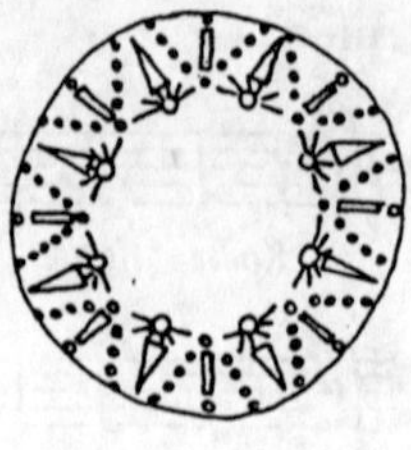

Auf ein Licht warten – es erschauen

○ *Das elektrische Licht im verdunkelten Raum wird gelöscht. Die Erzieherin schlägt eine Glocke, ein Glockenspiel oder einen Gong an. Die Kinder lauschen auf den verklingenden Ton, in die Stille hinein.*

Wir sitzen im Dunkeln.
Wir können warten, bis sich die Augen an die Dunkelheit gewöhnt haben.
Dunkelheit hüllt alles ein.
Doch wir sehen noch – schwach – dies oder das ...
Wir sehen einander wie Schatten.
Die Farben sind grau geworden, sie leuchten nicht.
Wir hören noch einmal auf den Ton,
schauen in das Dunkel,
lauschen in die Stille.
Was wünschen wir uns?

○ *Noch einmal wird der Ton geschlagen. Wenn er verklungen ist, trägt die Erzieherin eine* **Kerze in die Mitte und entzündet sie** *dort.*

2. In unserer Mitte, in unserer Mitte leuchtet, ja leuchtet ein Licht
3. Es will uns sagen, es will uns sagen: Fürchtet, ja fürchtet euch nicht! (Melodie oben)

○ *Ein Kind darf die Kerze einmal* **im Kreis tragen.**

4. Christine darf tragen, Christine darf tragen in unserem Kreis das Licht (Stephan darf tragen ...)

○ *Das Licht wandert im Kreis von Kind zu Kind.*

5. Das Licht will wandern, das Licht will wandern. Von dir zu mir – zum andern.

Wir öffnen die 11. Tür (Kirchenfenster), schauen – beten

Die Kerze leuchtet und verbreitet ihren Schein.
Sie leuchtet in der Kirche, im Haus Gottes.
Die Menschen schauen zur Kerze, zu ihrem Licht.
Sie schauen still hin. Sie verstehen das Licht.
Das Licht sagt: Freue dich, bald wird Jesus geboren.
Jesus ist das Licht in der Dunkelheit.

6. Jesus unser Licht, Jesus unser Licht. Licht, das die Nacht durchbricht. (Melodie, wie oben)

Die Kerze sagt:
Bald wird Jesus geboren. Er ist das Licht, das unsere Angst vertreibt. – RUF

Die Kerze sagt:
Bald wird Jesus geboren. Er ist das Licht, das Leben und Wärme gibt. – RUF

Die Kerze sagt:
Bald wird Jesus geboren. Er ist das Licht, das den Weg zeigt. – RUF

Weitere Gestaltung

Die Kinder gestalten rund um die Decke je für sich einen Lichtkreis.

12. Dezember

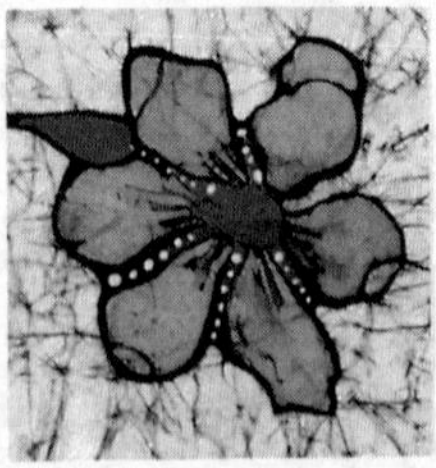

Eine Blüte öffnet sich am Weg

Die Wüste und das trockene Land sollen sich freuen; die Steppe soll prächtig blühen wie eine Lilie. *Js 35, 1.2.*

Einen Weg gestalten – gehen

○ *Wir versammeln uns und legen in unseren Kreis* **mit braunen Tüchern** *oder mit Seilen einen Weg, der in einem Bogen verläuft.*

Wir sehen ein Stück Weg. Wieviele Wege gehen wir jeden Tag? Heute sind wir in den Kindergarten gekommen, wir sind einen Weg gegangen. Wir gehen wieder nach Hause, wieder ein Weg. Welche Wege gehen wir? Manche Wege sind schön, auf die freuen wir uns, andere gehen wir nicht gern . . .

○ *Ein Korb mit kleineren und größeren* **Steinen** *wird bereitgestellt.*

Wenn Wege schwer sind, dann gehen wir langsam.

○ *Alle Kinder machen langsame, schwere* **Schritte.**

Die Schritte werden schwer. Wenn Wege schwer sind, dann lassen wir den Kopf hängen.

○ *Alle lassen den* **Kopf** *hängen und machen langsame Schritte.*

Wenn ein Weg schwer ist, dann wollen wir ihn nicht gehen und nicht hingehen, wohin er führt.

○ *Alle stampfen mit den Füßen fest auf und halten die Hände abwehrend oder auch an sich: Ich will nicht!*

Ein Weg kann schwer sein, weil ich ihn kaum finde.

○ *Ein Kind darf auf dem braunen Weg gehen: Es stellt sich an den Anfang und ertastet ihn mit geschlossenen Augen.*

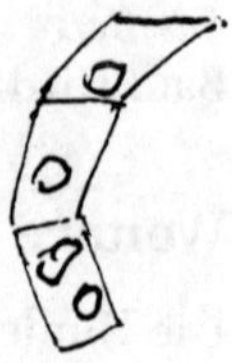

Ein Weg ist schwer, denn ich weiß nicht, ob ich ankomme, ob ich wieder nach Hause komme.

○ *Die Kinder dürfen nun jeweils* **einen Stein** *auf den Weg legen, wenn sie sagen, was einen Weg schwer macht.*

Viele Menschen gehen schwere Wege. An welche Menschen können wir denken? (Flüchtlinge, Kranke, wer allein geht, wo der Weg zu lang ist, wenn es Nacht wird ...)

○ *Ein Kind darf auf dem Weg gehen, langsam, ein, zwei, drei schwere Schritte. Es hält an, schließt die Augen und wartet.*

Es wird mit einer **Blume** angerührt. (Wiederholungen, Anrührung mit der Blume durch andere Kinder).
Wir stellen die Blume auf den Weg.

Wir betrachten den Kalender, öffnen die 12. Türe

Auf unserem Kalender sehen wir einen Weg. Er führt durch die Nacht. Die Häuser sind verschlossen. Steine liegen auf dem Weg, die ihn versperren.

Wir öffnen die 12. Tür.
Wir sehen eine Blume. Sie blüht auf dem Weg.
Sie blüht zwischen den Steinen, auf dem schweren Weg.
Was ist geschehen?
Schau die Steine! Sie sind hart.

○ *Mit den geballten Fäusten können wir zeigen, wie hart die Steine sind. Wir machen uns hart und fest vom Kopf bis zu den Füßen (etwas zusammenkrümmen).*

Doch seht, da ist eine Blume,
sie öffnet sich – *die Fäuste lösen,*
sie wird weit – *die Handflächen öffnen,*
sie nimmt das Licht der Sonne auf – weiter öffnen,
sie blüht und ist schön.
Sie ist zart.

○ *Die Erzieherin rührt das nächste Kind zart und sanft mit den Fingerspitzen an, und dieses das nächste usw.*

Jetzt ist der Weg nicht mehr so schwer.

Erzählung

In einem alten Lied wird erzählt: Noch war das Jesuskind nicht geboren, noch trug Maria es in ihrem Leib, unter ihrem Herzen, da ging sie einmal einen schweren Weg, voller Steine und Dornen. Mühsam war der Weg. Sie ging den schweren Weg bergauf und bergab. Plötzlich begannen zwischen den Steinen und Dornen Blumen zu blühen. Rosen öffneten ihre schönen Blüten, sie leuchteten.

Da spürte Maria: Jesus ist bei mir. Er gibt neues Leben, er gibt Kraft. Er läßt das Leben erblühen. Mit Jesus will ich auch die schweren Wege gehen.

○ *Die* **Kerze** *wird entzündet und auf den Weg zur Blume gestellt.*

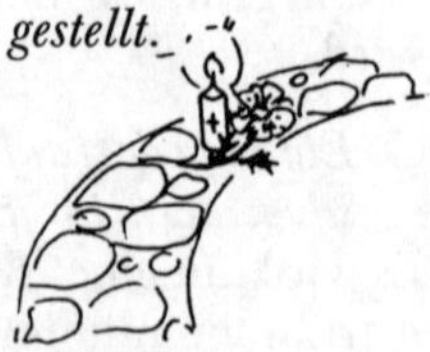

Gebet

Guter Gott,
wir freuen uns über die Blume.
Sie blüht zwischen den harten Steinen auf dem schweren Weg:
zart und schön.
Sie sagt uns:
Bald wird Jesus geboren.
Er schenkt Leben und neue Kraft.
Fürchtet euch nicht!
Jesus wird unsre Wege mitgehen.
Dank sei dir.

2) Da fingen die Dornen zu blühen an.
3) Da fingen die Blüten zu duften an.
4) Da fingen die Quellen zu fließen an.
5) Da fingen die Berge zu hüpfen an.
6) Da fingen die Nächte zu glühen an.
7) Da fingen die Menschen zu hoffen an.
8) Ja, da fing ein ganz großes Wunder an.

13. Dezember – 3. Adventssonntag

Maria und Elisabeth begegnen sich

Meine Seele preist die Größe des Herrn,
und mein Geist jubelt über Gott meinen Retter.

Lk 1, 46–47

Ein Haus bauen – ein Haus sein – zu Hause sein

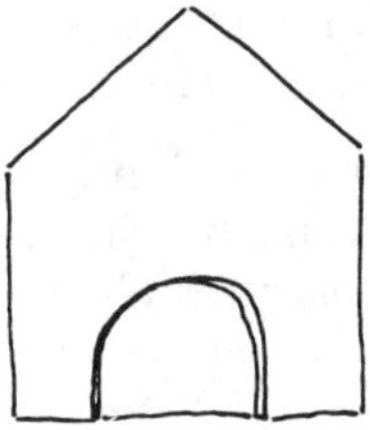

○ *Im Stuhlkreis versammelt legen die Kinder in der Mitte mit einem hellen Tuch ein Haus. Ein großes Tor (Seil) führt ins Haus hinein.*

Wir spielen Tor-Haus mit unseren Händen: Es ist offen, in ihm ist viel Platz. Es sagt: Komm herein! Wenn du darin bist, bist du geborgen. Und zum Nachbarn sagt es: Komm auch du, und setz dich mit an den Tisch. – Wir geben einander die Hände.
Jetzt wollen wir alle, jeder für sich – ein Haus sein. Die Füße stehen auf dem Boden – das Fundament des Hauses. Still steht das Fundament ...
Von unten werden die Steine aufgebaut, Stein um Stein und immer höher. So bauen wir von den Füßen aufwärts, die Beine entlang aufwärts, langsam zum Rükken ... Der Rücken steht wie eine Wand.
Unser Kopf ist oben, der Scheitel wird von der Sonne beschienen ...
Das Haus hat einen Keller, unten ... und ein Dach, oben ... Ich habe Füße, unten ... und einen Scheitel, oben ...
Im Haus ist Platz. In mir ist Platz.
Ich atme – aus und – ein ... Ich bin da – wie ein Haus.

Licht kommt in unser Haus

○ *Der* **Adventskranz** *wird in das Haus gestellt. Nacheinander werden die* **drei Adventskerzen** *entzündet und dazu die drei Strophen gesungen. „Wir sagen euch an den lieben Advent" 1. und 2. Stophe siehe 6. Dezember.*

3. Wir sagen euch an den lieben Advent. Sehet, die dritte Kerze brennt. Nun tragt eurer Güte hellen Schein weit in die dunkle Welt hinein.

○ *Die 3. Strophe wird wiederholt, und dabei wird die* **3. Kerze von Hand zu Hand** *im Kreis weitergereicht.*
In jedes Haus soll das Licht kommen. So tragen wir der Güte hellen Schein weit in die dunkle Welt hinein. *Die Kerze wird auf den Adventskranz zurückgestellt.*

Wir erinnern uns an Maria – gestalten für sie einen Weg

○ *Die Erzieherin läßt mit der* **Glocke** *einen Ton erklingen.*
Wir erinnern uns an den Ton der Glocke, der uns rufen kann: Öffne dich! Mach deine Ohren auf! Öffne dein Herz! Wir dürfen wieder an Maria denken, die in die Stille gehorcht und auf Gott gehört hat.

Maria hat das Jesuskind empfangen. Sie trägt es in ihrem Schoß. Sie hütet es wie in einem Haus.

Wir grüßen Maria, wie der Engel sie gegrüßt hat, als er ihr die frohe Botschaft brachte: „Gegrüßet seist du, Maria, der Herr ist mit dir." – *Alle wiederholen den Gruß.*

○ *Mit* **braunen Tüchern** *wird um das helle Haus ein Weg gelegt.*

Gestern sind wir auf einem Weg gegangen. Wir dürfen ihn heute wieder gestalten.

○ **Material** *wird bereitgestellt: Zapfen, Steine, Dornen, 2 bis 3 Tücher auch für Berge. Die Kinder gestalten damit den Weg aus.*

Maria geht in die Berge zu ihrer Verwandten Elisabeth. Es ist ein beschwerlicher Weg, mühsam, steinig, Dornen sind auf dem Weg. Aber Maria eilt in die Berge, schnell will sie zu Elisabeth kommen. Sie freut sich, daß sie ein Kind empfangen hat, das Jesuskind. Und auch Elisabeth trägt ein Kind in ihrem Schoß.

Wir öffnen die 13. Tür, schauen und hören

Hier sehen wir sie: Maria und Elisabeth, die beiden Mütter.
Sie begrüßen sich. Sie freuen sich und umarmen sich.
Da sagt Elisabeth zu Maria:
„Als ich deinen Gruß hörte,
da hüpfte das Kind voll Freude in meinen Schoß.
Maria, du bist gebenedeit: gesegnet, gelobt und groß
unter allen Frauen – und gebenedeit, gesegnet und
gelobt ist die Frucht deines Leibes, Jesus."

So trägt Maria das Jesuskind, noch ungeboren, in die Welt. Elisabeth ist die erste, die sich freut und Maria lobt.
Wir tun es mit ihr und stellen eine Rose auf den Weg zwischen die Steine und die Dornen. Freude kommt in die Welt, wenn Maria uns Jesus bringt.

Gebet

Alle beten nun das Gebet, wie der Engel und wie Elisabeth gesprochen haben.
„Gegrüßet seist du, Maria voll der Gnade, der Herr ist mit dir. Du bist gebenedeit unter den Frauen und gebenedeit ist die Frucht deines Leibes, Jesus."

Dann wird jeweils ein **Licht** für eine Bitte entzündet, auf den Weg gestellt und der Bittruf angefügt:

„Heilige Maria, Mutter Gottes, bitte für uns Sünder jetzt und in der Stunde unseres Todes. Amen."

– . . . *Wir entzünden ein Licht für alle Kinder, die bald geboren werden . . .*
– . . . *Für die Mütter, die in Not sind und sich viele Sorgen um ihre Kinder machen . . .*
– . . . *Für Menschen, die schwere Wege gehen müssen und kaum noch weiterkönnen . . .*
– . . . *Für Menschen, die zu Hause nicht freundlich und liebevoll aufgenommen werden . . .*

Der Weg ist heller geworden. Der Weg blüht auf. Unser Gebet, das wir gesprochen haben, ist wie ein Weg mit Maria und Jesus. Es ist das Rosenkranzgebet. Mit Maria tragen wir Jesus in die Welt, und wir wissen: Jesus macht den Weg der Menschen hell.

T. u. M.: Hanni Neubauer

2) Ein blühender Weg im dürren Land, weil Gott uns seinen Sohn gesandt.
So bringen wir die Blumen gern den Menschen auf den Weg.

3) Ein klingender Weg in stiller Zeit, weil Jesus unser Geh'n erfreut.
So bringen wir die Freude gern den Menschen auf den Weg.

14. Dezember

Ein Stern leuchtet in der Nacht

Seh ich den Himmel, das Werk deiner Finger,
Mond und Sterne, die du befestigst –
Was ist der Mensch, daß du an ihn denkst? *Ps 8, 4.5*

Wir versammeln uns – schauen den Sternenhimmel

Ein **schwarzes** (oder sehr dunkelviolettes) **Tuch** breiten wir in unserem Kreis aus. Wir erinnern uns, daß wir im Laufe der Adventszeit schon Dunkles geschaut haben, Menschen in Not.
Wenn es Nacht wird, kommen wir ins Haus, rücken wir zusammen.
– *Alle rücken mit ihren Stühlen etwas näher zusammen.*

Doch wir können auch **in die Nacht hinausgehen** und uns den Himmel anschauen. Wenn wir jetzt die Augen schließen, wird es dunkel wie in der Nacht. Wir sehen den Weg nicht mehr. Die Sonne ist untergegangen. Es ist still geworden.
– *Wir lassen die Augen geschlossen und träumen.*

Am dunklen Himmel – plötzlich leuchtet da ein Stern auf, er funkelt und glitzert.
– *Glockenspiel oder Cymbelton*

Wir schauen länger hin: noch ein Stern, und wieder einer. Je länger wir schauen, desto mehr Sterne funkeln am Himmel. Wer kann sie zählen?
– *Alle öffnen die Augen wieder.*

○ *Ein kleines* **Körbchen mit einem Strohstern,** *der mit einem entsprechenden Tuch zugedeckt ist, wird im Kreis weitergegeben. Die Erzieherin öffnet dem nächsten Kind ein wenig das Deckchen und läßt es hineinschauen. So läßt ein Kind das andere hineinschauen.*

Wir haben einen kleinen Stern entdeckt. Er leuchtet in der Nacht. Der Stern hat funkelnde Spitzen.

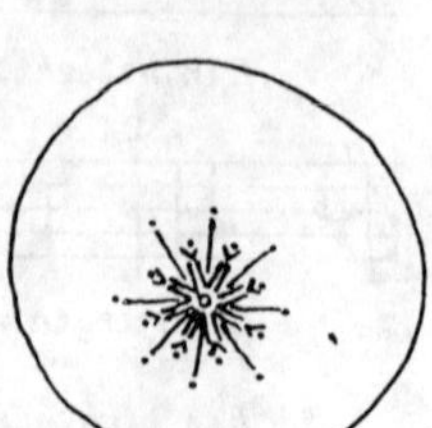

○ *Der Strohstern wird auf das schwarze Tuch in der Mitte gelegt.*

○ *Die Kinder rühren sich mit den Fingerspitzen an und erheben miteinander so langsam die Hände:*
Wenn es Nacht wird steigt er am Himmel auf und leuchtet auf die Erde. Und viele Sterne funkeln und leuchten.

○ *Die Kinder trennen ihre Hände und jedes Kind läßt mit den Fingern Sterne am Himmel funkeln.*

Wir öffnen die 14. Türe, schauen – horchen

Auf unserem Kalender sehen wir den Himmel. Dunkel wölbt er sich über die Erde. Wir öffnen das Türchen und sehen einen Stern aufleuchten.
Der Stern leuchtet vom hohen Himmel. Cymbelton
Der Stern kann dir etwas zuflüstern: – Cymbelton
Ich leuchte in der Nacht. – Ich leuchte bis zu dir. – Cymbelton
Ich leuchte in dein Zimmer. – Fürchte dich nicht! – Cymbelton

T. u. M. F. Kett

Gebet

Guter Gott,
ein Stern leuchtet am Himmel auf.
Viele Sterne erhellen die Nacht.
Wir staunen über den weiten Himmel.
Wer kann die Sterne zählen?
Du läßt sie leuchten,
Menschen schauen auf die Sterne
und finden ihren Weg.
Wir sollen uns nicht fürchten.

Guter Gott, wir freuen uns,
wie groß bist du.
Und du willst uns Jesus schenken.
Bald wird er geboren.
Dann leuchtet ein großer Stern auf und vertreibt alle Nacht und Angst.

Lied: Morgenstern der finsteren Nacht *GL 555*

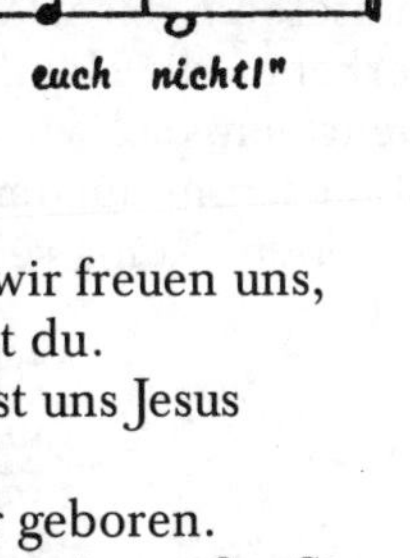

Weitere Gestaltung

Die Kinder gestalten mit bereitgestelltem Material (gelbe Stäbchen, helle Perlen, vergoldetes Naturmaterial) Sterne auf das dunkle Tuch.

15. Dezember

Wir erwarten einen König

Man ruft dich mit einem neuen Namen.
Du wirst zu einer prächtigen Krone in der Hand des Herrn.

Js 62, 2.3

Eine Krone gestalten – zur Krone werden

Heute breiten wir ein besonders schönes Tuch aus, ein **rotes Samttuch.** Jedes Kind darf sich einmal niederbeugen und langsam über das Tuch streichen. Es ist weich und schön, ein Samttuch.

○ *Das Tuch wird* **rund** *geformt.*
Mit **goldenen Streifen,** *von denen immer zwei zu einer Spitze zusammengelegt werden, wird das Tuch außenherum verziert.*

Wir schauen wieder einen Stern oder eine Krone oder ein Schloß.

○ *An die Spitzen werden noch* **goldene Kugeln** *gelegt.*

Eine kostbare Krone liegt in unserer Mitte. Die Krone ist rund. Wir runden unseren Kreis wie eine Krone (Händeschluß). Sie hat viele Spitzen – alle erheben die Hände. Sie hat goldene Kugeln. Ob unsere Gesichter auch so leuchten, daß wir zusammen eine herrliche Krone werden?
Eine Krone auf dem Kopf tragen möchte wohl mancher gern, eine Königin oder ein König sein. Jeder von uns darf sich einmal vorstellen:

Ich trage eine Krone auf meinem Kopf
und setze mich so hin wie ein König.
Ich sitze da, meine Füße auf dem Boden,
auf meinem Kopf eine Krone.
Sie leuchtet nach allen Seiten.
Ich sitze da, gerade, aufrecht.
Meine Hände darf ich auf die Beine ablegen.
Ich trage eine Krone.
Sie sagt: Schau mich an.
Ich bin wertvoll.
Ich bin schön.

Wer eine Krone trägt, der ist ein König, eine Königin. Daran erkennt man ihn. Was hat ein König besonderes? Er hat Macht, er hat ein Schwert, er regiert über viele Menschen, er hat ein Königreich, er ist reich und hat Gold. Ein guter König muß für Frieden sorgen, und daß alle in seinem Reich zu essen haben.

Wir öffnen die 15. Türe, schauen – ergänzen

Wir sehen eine Krone.
Wem wird sie gehören?
Wohnt ein König in dieser Stadt?
Wer soll die Krone tragen?
Wir schauen wieder auf unsere Krone in unserem Kreis.
Wir sehen das rote Samttuch wie einen roten Königsmantel.
Wir sehen die goldenen Strahlen und Kugeln.

○ **Etwas Stroh** *wird in die Krone hineingelegt.*

Da liegt Stroh in der Krone.
Was ist das für ein König, der eine solche Krone trägt?
Das Stroh erzählt uns schon von einem König,
der anders ist als alle Könige der Welt.
Es erzählt uns von Jesus, der bald geboren wird.
Er wird in einem Stall geboren, arm,
und ist doch der König.

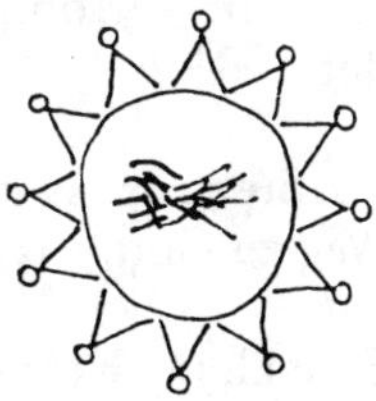

Gebet

○ *Die* **Kerze** *wird entzündet und zur Krone gestellt.*

Guter Gott,
wir warten auf Jesus, der bald geboren wird.
Er ist ein König, er kommt von dir.
In einem Stall wird er geboren, arm und auf Stroh.
Er heißt König des Friedens.
Er will uns den Frieden bringen.

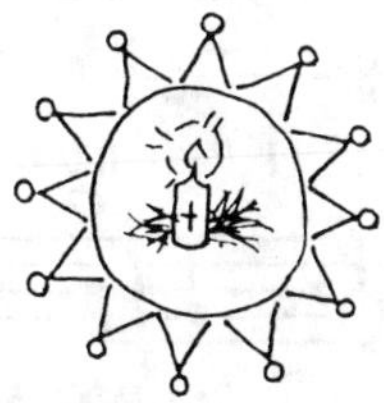

Lied

O wohl dem Land, o wohl der Stadt,
so diesen König bei sich hat.
Wohl allen Herzen insgemein,
da dieser König ziehet ein.
Er ist der rechte Freudensohn,
bringt mit sich lauter Freud und Wonn.
Gelobet sei mein Gott, mein Tröster früh und spät.

(GL 107, 3)

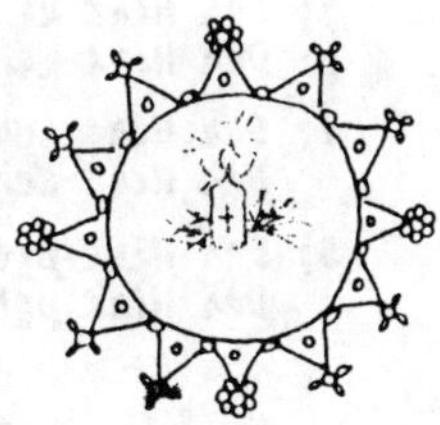

○ *Mit* **Edelsteinen** *verzieren die Kinder die Spitzen und Strahlen der Krone. Mit diesem Tun verweilen die Kinder im Bild, vertiefen es in sich.*

Weitere Gestaltung

Was ist das für ein König, der so arm kommt, der kein Schwert hat, der kein Schloß besitzt und keine Kriege führt?
Dieser König liebt die Menschen.

** In Kreuzform werden 4 Dinge an die Krone gelegt.*

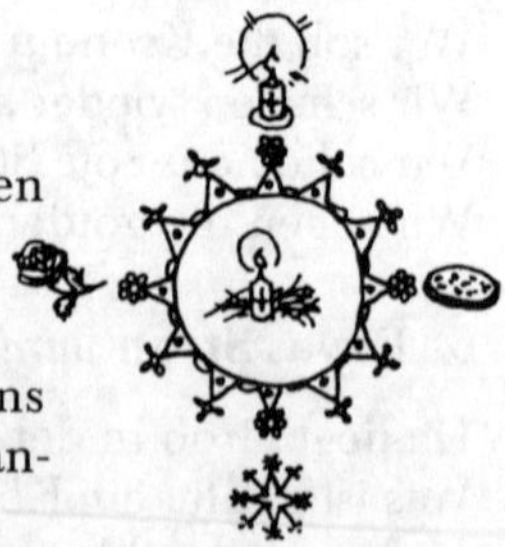

Eine **Scheibe Brot:** Er wird das Brot teilen und den Hungrigen zu essen geben.
Ruf: O wohl dem Land. O wohl der Stadt.

Eine **Rose:** Er wird den Frieden schenken und uns zurufen: Versöhnt euch mit Gott, und vergebt einander! – RUF

Ein **Stern:** Er sagt: Ich bin der Weg, und zeige euch den Weg zu Gott. – RUF

Eine kleine **Kerze:** Er ist das Licht, das die Angst und Dunkelheit vertreibt. – RUF

2) Der Hirt sorgt für die Schafe, er führt an Wasser sie.
Der Hirt sorgt für die Schafe, nicht Mangel leiden sie.

3) Der Hirt kennt sie mit Namen, er merkt, wenn eines fehlt.
Der Hirt kennt sie mit Namen, er geht dem nach, das fehlt.

4) Der Hirt schützt seine Schafe vor Unheil und Gefahr,
Der Hirt schützt seine Schafe, er birgt sie immerdar.

5) Der Hirt pflegt seine Schafe, wenn müd' sie sind und krank.
Der Hirt pflegt seine Schafe, dem guten Hirt' sei Dank.

16. Dezember

Ein Geschenk ist bereitet

Umsonst habt ihr empfangen,
umsonst sollt ihr geben. *Mt 10, 8*

Wir entdecken Geschenke – empfangen – schmücken sie

Wir versammeln uns wieder im Stuhlkreis. Wir legen eine kleine **gehäkelte Decke** (etwa 40 cm Durchmesser) in unseren Kreis. Ihren Außenrand schmücken wir jeweils mit einem **Holzring** und einer **roten Kugel** darin.
Unsere Mitte ist heute neu geschmückt. Das sieht aus wie ... (eine Blume, eine Krone, eine Blüte.) Die Decke ist mit schönen Kugeln und Ringen eingefaßt. Die Decke ist schön bereitet, als wollte sie auf etwas warten, was darauf kommen könnte ...
Wir schließen unsere Augen. Vielleicht wünschen wir uns etwas in die Mitte. Wenn ein Ton erklingt, öffnen wir die Augen wieder.

○ *Die Erzieherin trägt eine* **„kleine Schatztruhe“** *in die Mitte, die* **mit vielen kleinen Dingen** *gefüllt ist, mehr als Kinder im Kreis sind. Unter den kleinen Dingen sollten auch solche sein, die besonders an Advent und Weihnachten erinnern. Da sind z. B. Edelsteine, kleine Setzkastenfiguren, verschiedene Töpfchen, kleines Häuschen, sehr kleiner Strohstern, vergoldete Nuß, vergoldeter Zapfen u. a.)*

Der Ton wird gegeben.
Wir schauen eine Truhe in unserer Mitte. Was mag es für eine Truhe sein? ...

○ *Ein Kind darf sie einmal* **im Kreis tragen,** *oder sie wird von Hand zu Hand im Kreis weitergereicht.*

Was mag wohl in der Truhe sein? Wir schließen unsere Augen und träumen von dem, was darin ist.

○ **Glockenspiel:** *die Erzieherin führt die Kinder ins achtsame Schauen, mehr mit Fragen als mit Aussagen.*

Nun schauen wir hinein; einer darf für den anderen hineinschauen.

○ *Das Kind neben der Erzieherin öffnet seine Hände, schließt die Augen. Die Erzieherin öffnet behutsam die Schatztruhe, reißt sie nicht auf. – und* **sucht dem Kind etwas aus,** *das es ihm in die offenen Hände legt.*

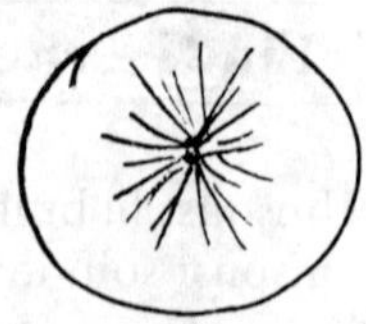

○ *Ein Körbchen mit kleinen, runden, verschiedenfarbigen Filzdecken steht bereit. Nachdem das Kind seinen Gegenstand entdeckt hat, wählt es ein Filzdeckchen und legt sein kleines Geschenk darauf um die Mitte.*

Dieser **ganze** *Vorgang ist sehr wichtig, weil jetzt ein kleiner Gegenstand im Umgang als Geschenk und Zuwendung erfahren wird. Ich greife nicht in die Schatztruhe, ich lasse sie mir beschenkt entdecken und entdecke sie schenkend.*
Die weihnachtlichen Kräfte des Empfangens und Schenkens als Herzenskräfte werden angesprochen. Die vorausgehende Versammlung im Kreis schafft den Raum, in dem Schenken sich vollziehen kann. Übrigens darf es ruhig gesagt sein, daß das Basteln von Geschenken für die Eltern im Kindergarten dieser Erfahrung nicht gänzlich widersprechen sollte.

Wir sehen viele kleine Geschenke. Sie alle waren in der Schatztruhe. Jeder hat ein kleines Geschenk bekommen. Das darf er jetzt verzieren.

○ **Material** *wird bereitgestellt.*

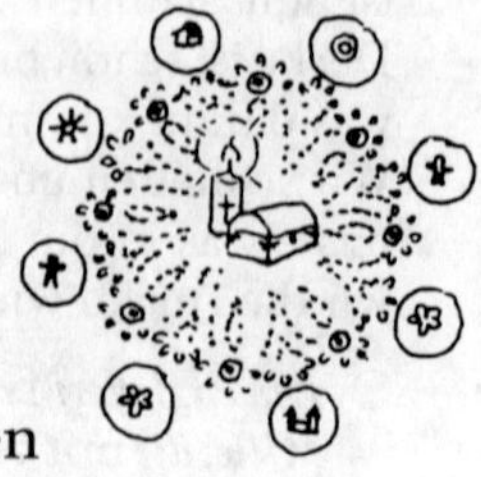

Wir öffnen die 16. Türe, schauen – bedenken

Ein Geschenk ist bereitet, in rotes Papier gehüllt.
Eine festliche Schleife ist gebunden.
Wann darf es geöffnet werden?
Für wen soll es sein?

Ich denke auch an uns: Haben wir schon Geschenke bereitet?
Für wen? An welchem Tag wollen wir sie schenken?

Am Weihnachtsfest wollen wir anderen ein kleines
Geschenk geben, daß sie sich freuen können.
Bis Weihnachten sind es nur noch wenige Tage.
Dann freuen wir uns, weil Jesus geboren ist.
Als ein kleines Kind wird er geboren.

Gebet

Wir öffnen unsere Hände, in die wir vorhin ein kleines Geschenk empfangen haben.

Guter Gott,
bald kommt das Weihnachtsfest.
Du schenkst uns Jesus.
Er ist ein kleines Kind.
Mit Jesus schenkst du uns deine Liebe und dein Leben.
Er ist unsere Freude.

T. u. M. F. Kett

Ruf

Weil Gott uns Jesus schenkt und wir uns darüber freuen, darum beschenken wir auch einander. Die Freude soll zu allen Menschen kommen. – RUF

○ *Eine* **Kerze** *wird entzündet und in die Mitte gestellt.*

Doch nicht alle Menschen werden beschenkt. Viele Menschen sind vergessen, sie sind allein, sie sind arm. Niemand denkt an sie. Da sind auch Kinder, die keine Eltern haben. Wer schenkt ihnen etwas?

Guter Gott, gib uns Hände, die empfangen und teilen,
ein Herz, das mitfühlt, ein Herz, das dankbar ist.
Laß uns dankbar sein für alles, was wir empfangen. – RUF

H. Neubauer

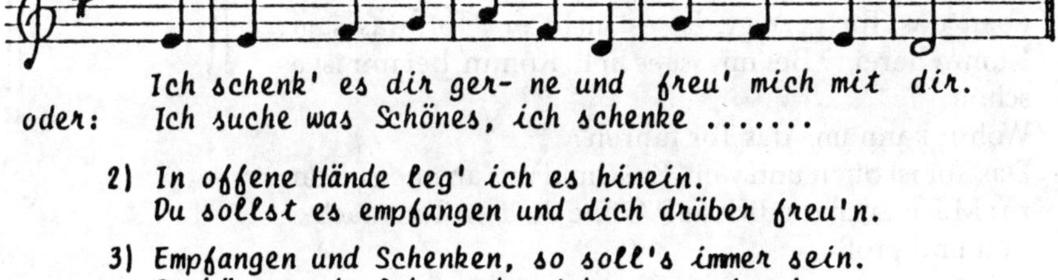

oder: Ich suche was Schönes, ich schenke ......

2) In offene Hände leg' ich es hinein.
Du sollst es empfangen und dich drüber freu'n.

3) Empfangen und Schenken, so soll's immer sein.
So können wir leben, des Lebens uns freu'n.

17. Dezember

Die Stadt ist verschlossen

Er kam in sein Eigentum,
doch die Seinen nahmen ihn nicht auf. *Joh 1, 11*

Wir öffnen – schließen uns, gestalten ein Tor

Die Kinder sitzen im Stuhlkreis, nicht zu eng.
Die Erzieherin hält ihre Hände locker im Schoß, dann macht sie eine Bewegung vor: Sie breitet die Arme aus. Alle machen die Bewegung einmal mit.
(Wiederholung)

Was sagen meine Arme und Hände? Ich bin offen, komm herein! Wann sprechen wir so: Komm herein! Wenn ein Freund kommt, wenn liebe Menschen kommen. Wenn wir auf jemand gewartet haben, und endlich ist er da: Komm herein!

Wir halten unsere Arme offen und weit. Wir können sie auch schließen. Alle verschränken ihre Arme. Bei Wiederholungen der Bewegung können vielleicht verschiedene Weisen des Schließens vollzogen werden.

So sprechen unsere Hände auch: Ich bin verschlossen. Geh weg! Komm nicht zu mir! Geh vorbei! Ich will mit dir nichts zu tun haben ...

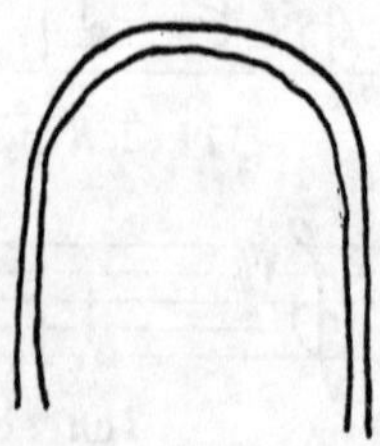

○ *Mit 1 oder 2* **Seilen** *wird ein* **Tor** *in den Kreis gelegt. Es wird mit einem* **hellen Tuch** *ausgefüllt.*

Jetzt sehen wir ein Tor in unserem Kreis. So haben wir eben das Tor gezeigt. Ist es nicht ein Tor, das sagt: Komm herein? Bei mir ist es hell. Komm, bei mir ist es schön.
Wohin kann uns das Tor führen?
Das Tor ist offen und weit. Es schaut uns an und ruft uns zu: Mach auch du dich auf! Öffne du dein Tor, mach es weit und groß!

Mit einer begleitenden Gebärde singen alle:

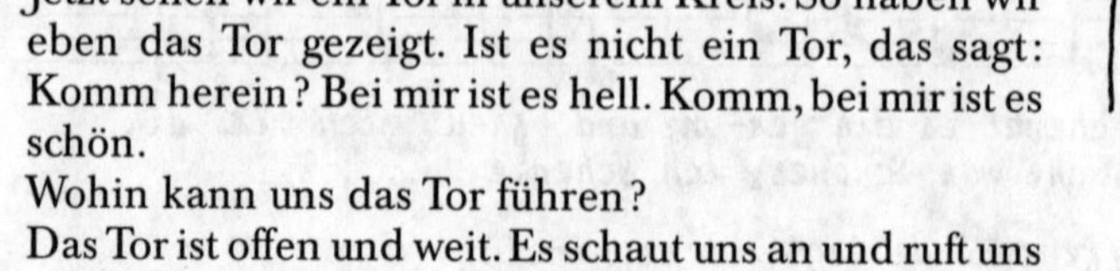

○ *Schweigend nimmt die Erzieherin 1 oder 2* **schwarze Tücher** *und verschließt das Tor.*

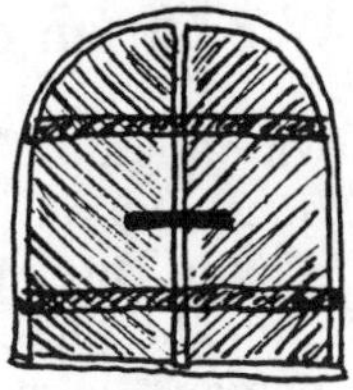

Das Tor ist verschlossen. Warum ist es geschlossen? Was ist geschehen? Ist es Abend geworden, Zeit zum Schlafen? Haben Menschen Angst und schützen sich? Wollen die Menschen sagen: Wir wollen euch nicht, bleibt draußen! Das Tor ist verschlossen!

○ *Mit* **Stäbchen** *oder* **dunklen Kartonstreifen** *können die Kinder noch Riegel oder Balken über das Tor legen.*

Wir sehen das verschlossene Tor. Ein Tor, das in eine Stadt führen kann. Wir spielen zusammen die Stadtmauer.

○ *Alle Kinder fassen sich an den Händen und spielen die feste Mauer und dann die Tore.*

In der Stadtmauer sind auch Tore, die werden am Morgen geöffnet, weit geöffnet, so daß die Menschen hinaus- und hineingehen können. Da kommen Kaufleute, Ochsenkarren, und die Bauern gehen aufs Feld hinaus ... Auch Fremde kommen, um die Stadt zu besuchen. Am Abend, wenn die Sonne untergeht, werden die Stadttore geschlossen, dicht und fest verschlossen. Jetzt kommt niemand mehr hinaus und niemand mehr hinein. Wenn wir kommen und anklopfen, werden uns die Leute in der Stadt wohl öffnen? Oder sagen die Leute hinter den Toren: Was wollt ihr? Geht weg, ihr seid Fremde. Ihr geht uns nichts an. Schert euch davon!

Wir schauen auf unseren Kalender

Die Stadt ist dunkel. Ist es Abend, ist es Nacht?
Die Tore sind verschlossen.
Zwei Tore sind da: ein großes und festliches Tor, vielleicht ein Königstor. Wann wird es geöffnet?
Noch ein anderes Tor ist in der Mauer, auf der Seite; es ist kleiner, dunkel; auch dies ist fest verschlossen.
Ein Weg führt dahin, und zwei Menschen gehen auf dem Weg.
Bald werden sie an das Tor kommen.
Wenn sie anklopfen,

○ *Alle Kinder klopfen an, geben Klopfzeichen –*

wird man es ihnen öffnen? Werden sie eingelassen?
Oder bleiben sie draußen vor der Tür?

Wir öffnen die 17. Türe, schauen

Wir öffnen die Tür und sehen in die Stadt.
Sie ist dunkel.
Häuser, Türen und Fenster sind verschlossen.
Niemand öffnet. Niemand schaut aus,
niemand wartet.

So sind Maria und Josef unterwegs nach Bethlehem.
Sie kommen nach Bethlehem.
Sie klopfen an die Türen. Sie rufen:
„Laßt uns ein! Gebt uns für diese Nacht ein Bett.
Habt ihr keinen Platz für uns?"

Die Türen bleiben dunkel, verschlossen.

Gebet

Guter Gott,
Maria und Josef sind unterwegs.
Sie suchen in Bethlehem einen Platz, ein Zimmer,
sie suchen Herberge,
denn bald soll das Jesuskind geboren werden.
Doch die Türen bleiben verriegelt,
die Herzen bleiben verschlossen.
Niemand will sie aufnehmen.
niemand wartet auf das Jesuskind.

Guter Gott,
wir wollen unsere Türen öffnen,
wir machen unsere Herzen weit.

○ *Gebärde der Hände*
Wir rufen: „Komm, Herr Jesus.
Komm zu uns, Jesus, in unser Haus,
in unser Herz!"

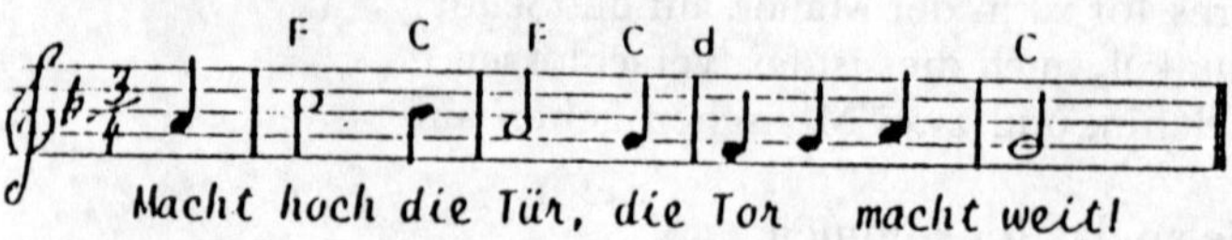

Gl 107

oder als Kanon

18. Dezember

Eine Rose blüht auf

Wer gleicht dem Herrn, unserm Gott,
der den Schwachen aus dem Staub emporhebt
und den Armen erhöht, der im Schmutz liegt?

Ps 113, 5-7

Wir gestalten viele kleine Tore

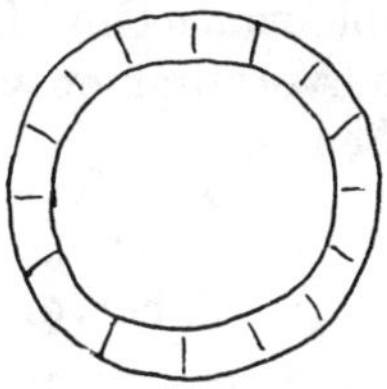

In unseren Kreis legen wir mit **braunen Tüchern** – nur zu halber Breite gefaltet – gleichsam einen Ring. Und wir können uns erinnern, wenn wir das in unserer Mitte sehen: die verschlossene Stadt, eine feste, starke Stadtmauer, oder wie den Ort, wo der traurige Mensch saß.

Die Stadt war verschlossen. Die Tore, die man wohl öffnen konnte – *Geste aller Kinder mit den Händen* – waren fest verriegelt – *Geste.* Die Tore sagten: Hier kommt niemand herein! – *Alle Kinder strecken ihre Hände abwehrend nach vorn.*

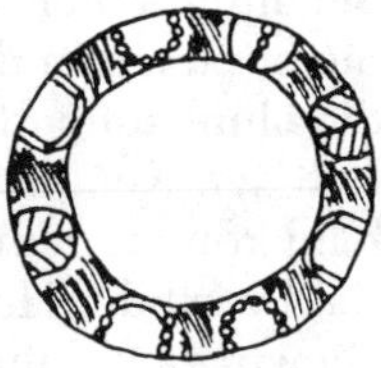

○ **Material** *wird bereitgestellt, um* **kleine Tore** *zu gestalten: Edelsteine, mattgoldene Kugeln, Perlen, Holzstäbchen, kleine Zapfen u. a.*

Unsere Stadt hatte viele Tore – so viele wie jetzt Kinder da sind. Jeder von uns darf einen Torbogen in die Stadtmauer legen.

Jetzt sehen wir die weite Mauer und die vielen Tore.
Und wenn wir auf unseren Kalender schauen, sehen wir einen Menschen, der vor der Stadtmauer sitzt.
Er sitzt im Dunkeln, pechschwarz ist es um ihn.
Er steckt den Kopf in die Hände.
Er sitzt am Boden.
Er scheint verschlossen zu sein.
Sind seine Ohren verschlossen? Will er nichts mehr hören?
Sind seine Augen verschlossen? Will er nichts mehr sehen?
Kann er seine Hände nicht mehr öffnen?
Ist sein Herz vielleicht auch verschlossen?
Vielleicht ist er so allein, daß er sich nicht mehr öffnen kann.
Bis ins tiefste Herz ist er traurig.

Es gibt ein altes Lied, das wir im Advent gern singen. In dem Lied rufen wir: Gott, öffne du die Tore und komm!

1. O Heiland, reiß die Himmel auf, herab, herab vom Himmel lauf,
Reiß ab vom Himmel Tor und Tür, reiß ab, wo Schloß und Riegel für.

GL 105

○ *In den Innenraum der „Stadt" wird ein* **grünes Tuch** *gelegt.*

○ *Die Erzieherin nimmt eine* **Rose** *in die Hand und berührt damit das Kind neben ihr, das mit geschlossenen Augen auf die Anrührung wartet. So wird die Rose im Kreis weitergereicht und rührt jedes Kind einmal an. Die Rose wird auf das grüne Tuch in der Mitte gestellt.*

Wir hören eine 2. Strophe des Liedes. Die Menschen rufen nach Gott: Laß den Heiland, laß Jesus aufblühen, hervorkommen wie eine schöne Blume, an der sich alle freuen.

2. O Erd, schlag aus, schlag aus, o Erd, daß Berg und Tal grün alles werd.
O Erd, hervor dies Blümlein bring, o Heiland aus der Erden spring.

Wir öffnen die 18. Türe, schauen – bedenken

Wir sehen eine Rose. Sie blüht auf und öffnet sich,
auch wenn alle Tore verschlossen bleiben.
Sie blüht hinter dem traurigen, verschlossenen Menschen.
Sie blüht auf in der dunklen Welt.
Sie blüht auf und bringt uns eine freudige Botschaft;
Laß den Kopf nicht hängen, fürchte dich nicht,
bald kommt dein Erlöser, der Retter, Jesus.
Bald wird der Heiland geboren. Er bringt dir neues Leben.
Du wirst aufblühen, du wirst herrlich blühen,
schön wirst du sein. Dein Herz wird leben.

Gebet

○ *Die* **Kerze** *wird zur Rose gestellt*

Guter Gott,
manchmal lassen wir den Kopf hängen,
wir können nichts Schönes mehr sehen.
Nichts paßt uns, an gar nichts haben wir Freude.
Dann ist auch unser Herz verschlossen;
wir wollen nichts hören, wir wollen nichts sehen,
wir wollen nicht lachen.
Guter Gott, sende uns Jesus, den Heiland,
daß er unsere Herzenstür öffnet. Er soll einziehen in unser Herz.
Er bringt die Liebe, er bringt neues Leben. Er bringt die Freude.

19. Dezember

Zwei Menschen sind auf dem Weg

Kommt, nehmt das Reich in Besitz,
denn ich war fremd und obdachlos,
und ihr habt mich aufgenommen. *Mt 25, 35*

Wir gestalten den Weg nach Bethlehem

Für unsere Versammlung suchen wir heute einen Platz, nämlich den, **wo später die Krippe stehen soll.** *Wir sind auf dem Weg nach Bethlehem, zur Krippe. Das letzte Stück durch den Advent soll in die Krippenlandschaft und seine Erfahrungen einführen.*

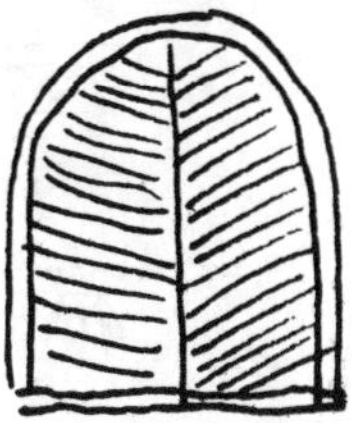

Wir legen dort ein **dunkles Tor,** nicht sehr groß. Wir können es auf ein schwarzes Tuch mit einigen Stäbchen o. ä. gestalten. Wir versammeln uns dort und erinnern uns an die verschlossene Stadt.

Ein Weg geht zu dem Tor und führt am Tor vorbei weiter weg.

○ *Mit* **braunen Tüchern** *wird ein Weg gelegt.*

Ein Weg, der durchs Land führt, kann steinig sein, Dornen können am Weg oder über den Weg wuchern.

○ **Steine, Zapfen, einige Dornzweige** *können auf den Weg gelegt werden.*

Der Weg führt durchs Land, an Feldern, Wiesen und Weiden vorbei.

○ **Mit grünen Tüchern** *wird das Land rechts und links des Weges angedeutet.*

Wir gehen auf dem Weg, wir gehen mit zwei anderen Menschen, mit Josef und Maria. Maria trägt das Jesuskind in ihrem Schoß. Bald soll es geboren werden.

○ *Die Figuren Maria und Josef werden geholt und im Kreis von Hand zu Hand weitergegeben.*

Maria und Josef sind unterwegs von Nazareth nach Bethlehem.
Sie kamen nach Bethlehem, sie klopften an die Türen.
Wir erinnern uns: Die Türen blieben verschlossen.
Niemand schaute nach ihnen und dem Jesuskind aus.

Wir öffnen die 19. Türe, schauen – bedenken

Wir sehen zwei Menschen auf dem Weg.
Sind es Maria und Josef?
Sie gehen über Wiesen und Felder,
hinaus aus der Stadt.
Sie gehen wie in einem Licht.
Wird es bald Morgen werden?
Ist die Nacht vorbei?
Werden sie einen Ort finden, wo sie bleiben können?
Sie gehen im Licht,
sie haben keine Angst,
sie vertrauen: Gott, du wirst uns führen.

T. u. M. F. Kett

Gebet

Guter Gott,
Maria und Josef sind unterwegs und suchen ein Zimmer,
suchen Herberge für Jesus; einen Ort, wo sie bleiben können.

Viele Menschen sind unterwegs und suchen ein Zuhause,
suchen Heimat, ein Haus,
wo sie wohnen können.
Viele Menschen werden weggeschickt,
niemand will sie wohnen und leben lassen.
Für sie alle bitten wir dich.

Lied

2. Der Weg ist weit, der Weg ist schwer, es weht ein kalter Wind. Der Mann, die Frau, sie suchen ein Quartier für sich und für ihr Kind.

20. Dezember – 4. Adventssonntag

Im Stall eine leere Krippe

Er, der reich war, wurde euretwegen arm,
um euch durch seine Armut reich zu machen.

2 Kor 8, 9

Wir bauen den Stall – füllen die Krippe mit Stroh

Wir versammeln uns an dem Ort, der sich nun wie eine Landschaft entfalten wird, am Weg, der an dem verschlossenen Tor durch die Wiesen und Felder führt. Maria und Josef sind unterwegs. Sie suchen Herberge für sich und für ihr Kind.

1. Zwei Leute ziehn in dunkler Nacht hinauf nach Bethlehem; der Mann, die Frau erwarten ein Kind, wie wird es ihnen ergehn? *(Siehe 19. Dez.)*

Wohin führt der Weg?

○ *Die Erzieherin formt aus* **1 oder 2 braunen Tüchern** *eine* **Höhle** *am Ende des Weges. Sie gestaltet sie evtl. noch mit Baumrinde aus, stellt eine Wurzel dazu.*

Wohin führt der Weg? Zu einer Höhle. Was kann in der Höhle sein? Sie ist nicht sehr groß, sie ist nicht tief, sie ist nicht unter der Erde. Du kannst hineinsehen.
Die Höhle schützt vor Regen, sie wärmt gegen die Kälte.
Dort können Tiere in der Nacht unterschlüpfen. Auch ein Hirte kann sich dort unterstellen.

○ *Die Erzieherin holt einen mit* **Stroh** *gefüllten Korb. Jedes Kind darf reihum einmal hineinfassen, das Stroh rascheln und knistern lassen.*

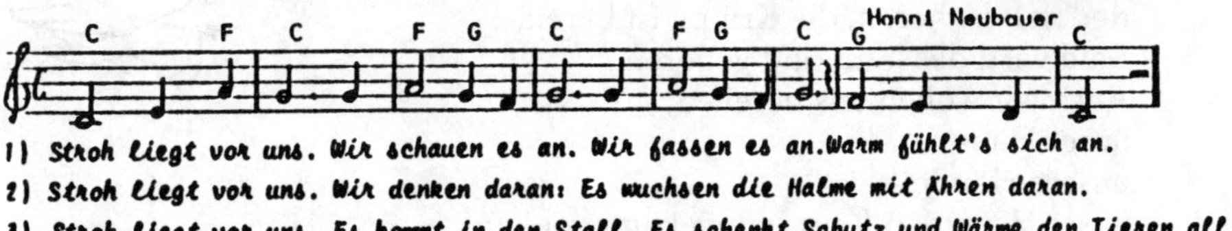

○ *Wenn möglich kann jedes Kind etwas Stroh in die Höhle legen. Wie ein Nest kann es zurechtgerückt werden.*

Die Höhle ist wie ein Stall, wie ein Nest, wie eine Schlafstelle für die Tiere.

○ *Dann werden* **Ochs und Esel** *in den Stall gestellt.*
Die Erzieherin nimmt die **Krippe,** *in die später das Jesuskind gelegt werden wird, in die Hände. Jedes Kind soll sie einmal halten dürfen.*
Die Krippe wird in den Stall gestellt.

Im Stall steht eine Krippe. Der Hirt wirft dort das Futter, Heu, hinein, damit die Tiere zu fressen haben.

Wir öffnen die 20. Türe, schauen – bedenken

Eine Krippe können wir sehen.
Sie steht in einem Stall, bereitet für das Futter der Tiere.
Jetzt ist sie leer.
In den Stall können Schafe kommen, Kühe, Ochsen, Esel.
Manchmal drängeln sich die Tiere im Stall;
im kalten Winter oder bei Regen finden sie hier Schutz und etwas Wärme.
Jetzt sehen wir kein Tier im Stall.

○ *Die Figuren* **Maria** *und* **Josef** *werden zur Krippe in die Höhle gestellt.*

Maria und Josef sind vor die Stadt hinausgegangen.
Sie finden den Stall. Er ist leer. Dort können sie bleiben.

4. In diesem Stall ist für sie Platz, auf warmem Heu und
Stroh. Der Mann, die Frau, sie ruhen aus, sie sind
von Herzen froh. *Siehe S.50*

○ *Alle halten ihre Hände wie eine Krippe.*

Die Krippe ist bereit wie unsere Hände.

Gebet

Guter Gott,
der Stall ist bereit, die Krippe ist bereit.
Bald wird das Jesuskind geboren.
Auch wir wollen uns bereiten,
unser Haus,
unsere Hände,
unser Herz, daß Jesus zu uns kommen kann.

5. In dunkler Nacht, in diesem Stall wird bald geboren sein, der Herr und Heiland, Jesus Christ, als Kind, ganz arm und klein. *Siehe S. 50*

21. Dezember

Der Hirt hütet seine Schafe

Seht, Gott, der Herr, kommt mit Macht.
Wie ein Hirt führt er seine Herde zur Weide,
er sammelt sie mit starker Hand.
Die Lämmer trägt er auf dem Arm. *Js 40, 10*

Wir werden zu Hirten

Wir versammeln uns vor unserer Landschaft. Wir sind auf dem Weg nach Bethlehem mit Maria und Josef. Wir gehen durch das Land, an den Wiesen und Feldern vorbei. Wir bereiten uns jeden Tag ein wenig mehr vor, weil Gott kommen will.

T. u. M. H. Neubauer

○ *Die Erzieherin bringt in den Kreis der Kinder ein* **Körbchen, gefüllt mit etwas Stroh, darin ein kleines Wollschäfchen.** *Alles ist zugedeckt mit einem weißen Tuch.*

○ *Jedes Kind darf einmal unter das Tuch fassen. Dann wird das Tuch abgedeckt, das Körbchen in die Wiese gestellt. Das Schäfchen wird behutsam herausgenommen.*

Ich trage ein kleines Schäfchen. Ob es wohl schläft? Wir dürfen es jedem in die Hand legen, wie in die Krippe, wie in das Stroh, wo das Schäfchen es warm und gut hat.

○ *Das Schäfchen wird in das Körbchen zurückgelegt.*

○ In einem weiteren **Korb** *sind* **viele Schafe,** *aus dem nun jedes Kind ein Schaf nehmen und auf die Wiesen stellen kann.*

Eine große Schafherde ist jetzt auf unserer Wiese. Wo so viele Schafe sind, da muß auch der Hirte sein.

○ *Eine* **Hirtenfigur** *wird in den Kreis getragen*

Wenn der Hirte unterwegs ist, und wir zu ihm gehen, kann er uns von seinem Leben erzählen, was er tut, was er denkt, was er sieht, wie es ihm tagaus, tagein geht.

○ *Dabei kann die Hirtenfigur von Hand zu Hand weitergereicht werden, und jedes Kind, das den Hirten trägt, sagt etwas. Andernfalls hält die Erzieherin die Figur und regt die Aussagen an.*

Der Hirt sagt:
Ich gehe mit meinen Schafen jeden Tag.
Ich sorge für meine Schafe.
Ich gehe ihnen voran, sie folgen mir.
Ich passe auf sie auf.
Ich führe sie ans Wasser und auf die Weide usw.

○ *Der Hirt wird zu den Schafen gestellt.*

Wir öffnen die 21. Türe, schauen – bedenken

In einem Stall ist ein Hirte mit zwei Schafen.
Ein kleines Schaf trägt er auf dem Arm.
Ist es gerade geboren?
Ist es krank?
Hat der Hirte noch andere Schafe, große, die draußen auf der Weide herumlaufen?

Der Hirt sorgt für das Schaf, er hat es gern.

Wir gehen nach Bethlehem, das ist die Hirtenstadt.
Vor der Stadt leben Hirten mit ihren Schafen,
Tag und Nacht sind sie auf der Weide.
Die Hirten wachen bei ihren Schafen.
Sie sind nicht reich, nein, sie sind arme Leute.

Sie hüten ihre Schafe, sorgen für sie, haben sie gern.
Dann denken sie manchmal:
„Gott, hast du mich auch so gern?
Achtest du auf mich?“
Und sie rufen in ihrem Herzen:
Komm, unser Heiland, komm, Emanuel.

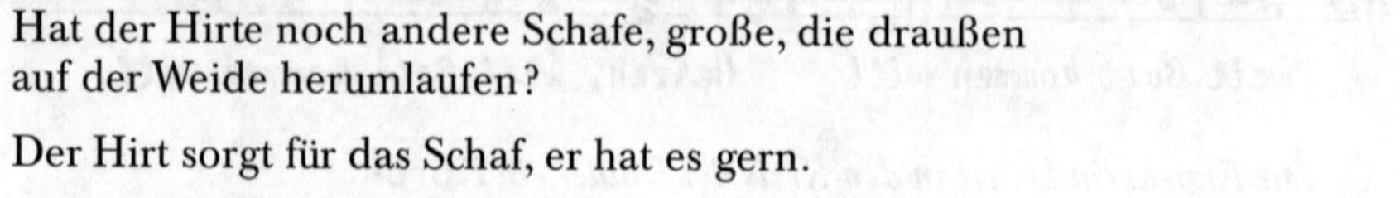

Gebet

Guter Gott,
wir freuen uns auf Jesus,
den Heiland, den Retter.
Er wird wie ein guter Hirte sein,
der sich sorgt und um seine Schafe kümmert.
Er zeigt uns die Wege,
er hat auf uns acht.

Ruf: O komm, o komm Emanuel . . .

Wir bitten dich für alle Menschen, um die sich niemand kümmert.

Ruf: O komm, o komm Emanuel . . .

Wir bitten dich für alle Menschen, die verlacht werden.

Ruf: O komm, o komm Emanuel . . .

Wir bitten dich für unsere Kranken, daß sie gesund werden.

Ruf: O komm, o komm Emanuel . . .

Wir bitten dich für unsere Eltern und Geschwister, daß wir in Frieden und Freude miteinander leben.

Ruf: O komm, o komm Emanuel . . .

Neubauer

2) Der Hirt sorgt für die Schafe, er führt an Wasser sie.
Der Hirt sorgt für die Schafe, nicht Mangel leiden sie.

3) Der Hirt kennt sie mit Namen, er merkt, wenn eines fehlt.
Der Hirt kennt sie mit Namen, er geht dem nach, das fehlt.

4) Der Hirt schützt seine Schafe vor Unheil und Gefahr,
Der Hirt schützt seine Schafe, er birgt sie immerdar.

5) Der Hirt pflegt seine Schafe, wenn müd' sie sind und krank.
Der Hirt pflegt seine Schafe, dem guten Hirt' sei Dank.

22. Dezember

Ein Apfel ist reif

Als die Zeit erfüllt war, sandte Gott seinen Sohn, geboren von einer Frau, dem Gesetz unterstellt.

Gal 4, 4

Wir versammeln uns – schauen einen Apfel

Für die Situation im Kindergarten ist es angezeigt, daß jetzt schon ein ungeschmückter Weihnachtsbaum bei der Krippe steht, oder umgekehrt, die Krippenlandschaft beim Weihnachtsbaum aufgebaut wurde, der schon zwei oder drei Tage da steht. Für die Familie wäre das gleiche jetzt zu wünschen, so daß das Weihnachtsfest sich immer deutlicher zeigt. „Die Zeit ist reif." Andernfalls bräuchten wir heute einen recht großen Tannenzweig, der, im Hinblick auf die Endgestalt auch etwas erhöht, in einer Vase nahe der Höhle steht.

Wir versammeln uns vor der Krippenlandschaft, sehen den Hirten mit seinen Schafen auf den Wiesen vor Bethlehem; da führt ein Weg zu einer Höhle oder zu einem Stall, in dem Ochs und Esel stehen. Maria und Josef haben dort Unterkunft gefunden, weil die Tore und Türen in die Stadt verschlossen waren.
Die Zeit ist nahe, daß das Jesuskind geboren werden soll.

Ruf: Freut euch ihr Christen, freuet euch sehr,
schon ist nahe der Herr. *(Siehe GL 115)*

○ *Die Erzieherin holt einen* **Korb,** *der mit einem* **grünen Tuch** *innen ausgelegt und mit einem grünen Tuch zugedeckt ist. Darin liegt ein schöner* **roter Apfel.**

○ *Die Kinder dürfen nacheinander* **hineinfassen,** *sollen aber nicht verraten, was sie ertastet haben. Dann wird das Tuch abgedeckt.*

○ *Der Apfel wird von einem Kind auf der offenen Hand einmal im Kreis* **getragen.**

Jeder von uns soll den Apfel einmal in Händen tragen dürfen, jedem soll er geschenkt werden. Dazu öffnet das erste Kind seine Hände – wie eine Schale, schließt die Augen und wartet, bis ihm der Apfel in die Hände fällt. Und so wird der Apfel im Kreis weitergegeben.

○ *Der Apfel wird im Korb in die Mitte des Kreises gestellt.*

Der Apfel ist an einem Baum herrlich und schön gewachsen, er ist reif geworden. Wir dürfen von einem Apfelbaum träumen:

Zuerst war es nur ein kleiner, brauner Kern. Der wurde in die Erde gelegt. Jetzt müssen wir die Augen schließen und in die Erde schauen, in die dunkle, stille Erde.

○ *Augen schließen, mit Glockenspiel begleiten und führen. Die Kinder könnten das Wachsen vom kleinen Kern in der Erde bis zum Baum und der Frucht auch* **leibhaft spielen.**

Da liegt der kleine Apfelkern. Er wartet auf Regen und Sonne. Die Sonne wärmt den Boden, der Regen tränkt die Erde. Da kann er langsam wachsen. Kleine Wurzeln schieben sich aus dem Kern, ein kleiner Trieb wächst nach oben, der Sonne entgegen. Das Bäumchen ist noch klein, man muß es festbinden, damit der Wind es nicht umwirft. Doch dann wird es ein kräftiger Baum. Im Frühling hat er rosa Blüten, im Sommer beginnen die Äpfel sich zu zeigen, im Herbst endlich leuchten sie rot. Und kommt ein Wind, so schüttelt er einen Apfel zur Erde. Dann freuen wir uns: schöne Äpfel schenkt uns der Baum.

Wir öffnen die 22. Türe, schauen – hören eine Geschichte

Ein roter Apfel leuchtet uns entgegen.
Der rote Apfel erinnert uns an eine alte Geschichte: Als Gott die Menschen erschuf, da bereitete Gott ihnen einen wunderschönen Garten. Sie nannten diesen Gottesgarten das Paradies. Alles war für die Menschen, wunderbare Blumen und herrliche Bäume mit allen Früchten. Und Gott war selbst mit den Menschen.

Gott sagte: „Von allen Bäumen dürft ihr essen, nur nicht von dem Baum in der Mitte des Gartens, sonst müßt ihr sterben."
Doch die Menschen hörten nicht auf die Stimme Gottes, sondern sie griffen nach dem Baum in der Mitte, nahmen seine Frucht und aßen davon. Da spürten sie plötzlich: Wir haben Böses getan. – Sie hatten Angst vor Gott. Sie schämten sich, die Welt wurde dunkel. Dunkel wurde es in ihren Herzen, die Freude war weg, der Friede und das Leben. Gott war nicht mehr bei ihnen. Alles war schwer und wie eine Last. Das Paradies, der Garten des Lebens, war verloren und verschlossen.

Da riefen sie zu Gott, und alle Menschen riefen: „Gott, du unser Gott, vergiß uns nicht! Guter Gott, komm und erlöse uns! Schenk uns neues Leben!"
Und Gott, der alle Menschen liebt, hat uns den Erlöser versprochen: „Ich werde euch Jesus, den Heiland, senden." Als die Zeit erfüllt war, wurde Jesus, unser Heiland, geboren.
Jetzt erwarten wir wieder seinen Geburtstag und wollen ihn feiern:
Gott hat uns Jesus geschenkt.

Ruf: Freut euch ihr Christen, freuet euch sehr,
schon ist nahe der Herr.

○ *Einige rote Äpfel, mit einem Faden versehen, werden an den Zweig oder* **an den Weihnachtsbaum** *gehängt. Der Weihnachtsbaum wird zum Baum des Lebens.*

Gebet

Guter Gott,
wir freuen uns: Bald ist Jesu Geburtstagsfest.
Er kommt von dir, er kommt zu uns.
Der Himmel ist offen.

Ganz nah kommst du uns, guter Gott.
Und wir sind deine Kinder.
Du schenkst uns Leben mit Jesus, unserm Heiland.

Wir freuen uns, daß du uns Jesus schenkst.
Wir danken dir, daß du uns das Leben schenkst.
Wir danken dir, daß du bei uns bist.

TEXT: Franz Kett
MEL.: Klaus Gräske

2) Gott läßt grünen, blühen einen Baum.
Der Baum soll Zeichen sein, daß wir vertrau'n....

3) Gott läßt Früchte bringen einen Baum.
Der Baum soll Zeichen sein, daß wir vertrau'n.....

23. Dezember

Ein großer Stern leuchtet auf

Das Wort der Propheten ist ein Licht,
das an einem finsteren Ort scheint,
bis der Tag anbricht und der Morgenstern aufgeht
in euren Herzen. *2 Petr 1, 19*

Wir versammeln uns – lassen ein Stern aufgehen – wandern

Wir sind wieder versammelt im Land vor der Stadt Bethlehem. Die Hirten wachen bei ihren Schafen, die Krippe ist offen, Maria und Josef warten auf die Geburt des Kindes.

Zuerst Flötenmelodie von: Zwei Leute gehn in dunkler Nacht, dann Strophe, siehe 19. Dezember:

5. *In dunkler Nacht, in diesem Stall wird bald geboren sein der Herr und Heiland Jesus Christ als Kind ganz arm und klein.*

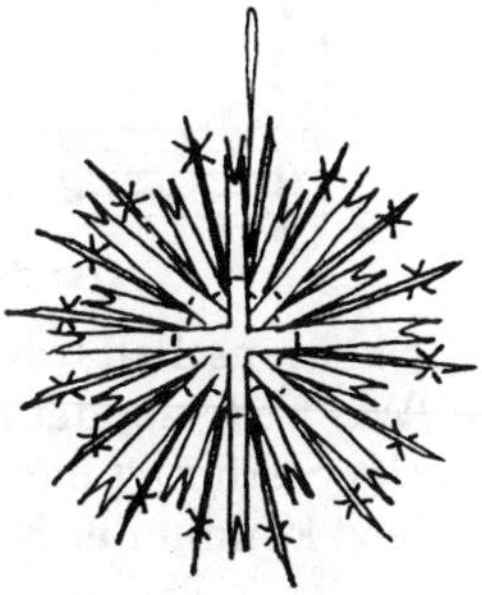

Es ist Nacht. Die Sonne ist untergegangen über den Feldern und Wiesen vor Bethlehem. Die Stadt schläft, ist verschlossen und im Dunkeln. Der Himmel ist schwarz. In dunkler Nacht aber geschieht es:

○ *Glockenspiel*

Ein Stern geht auf. Er durchbricht die Dunkelheit. Er leuchtet hell und weit.

○ *Die Erzieherin läßt langsam einen* **großen Strohstern** *aufgehen, der an einem Faden hängt und so getragen werden kann.*

Der Stern zieht seine Bahn, hoch am Himmel, langsam, als hätte er eine Ewigkeit Zeit.

○ *Der Stern wandert von Kind zu Kind im Kreis. Begleitung mit dem Glockenspiel oder einer Harfe.*

Die Menschen schauen auf den Stern, sie verfolgen ihn mit den Augen. Langsam zieht der Stern seine Bahn. Die Menschen freuen sich. Jetzt ist die Nacht nicht mehr so dunkel.

○ *Der Stern wird* **über dem Stall** *befestigt – an einem Zweig des Baumes.*

Ein Stern ist aufgegangen. Wir können mit den Fingerspitzen uns berühren wie die Spitzen des Sternes. Wenn die Nacht kommt, geht der Stern auf – groß und weit am Himmel, und er leuchtet auf die Erde.

Siehe, ein großes Licht leuchtet auf über der dunklen Stadt, über dem verschlossenen Tor. Der Himmel wird hell.

Wir öffnen die 23. Türe, schauen – singen

Wir sehen einen Stern.
Damals, als die Zeit gekommen war, daß Jesus geboren werden sollte, ging ein großer Stern am Himmel auf.
Die Leute dachten bei sich: Was mag der Stern bedeuten?

Die Menschen fragten die Weisen und die Könige:
„Was bedeutet der große Stern?"
Der Stern sagt uns: „Ein König wird geboren.
Jetzt kommt der König des Friedens."

Ruf: *Mitten in der Nacht …*

Der Stern sagt uns:
„Ein König wird geboren,
der wie ein Hirte für die Menschen sorgt."

Ruf: *Mitten in der Nacht …*

Der Stern sagt uns:
„Der Heiland wird geboren,
der den Menschen neues Leben, Gottes Leben bringt."

Ruf: *Mitten in der Nacht …*

Der Stern sagt uns:
„Der Retter wird geboren,
der die Dunkelheit und Angst aus den Herzen vertreibt und Freude bringt."

Ruf: *Mitten in der Nacht …*

Der Stern sagt uns:
„Jesus Christus wird geboren.
Er ist der wahre Morgenstern, der leuchtet und nicht mehr untergeht.
Alle Welt soll ihn sehen."

Ruf: *Mitten in der Nacht . . .*

Gebet

○ *Ein* **Körbchen mit vielen Strohsternen** *ist bereit. Jedes Kind darf einen Stern an den Baum oder großen Zweig hängen.*

Wir hängen Sterne auf. Sie leuchten den Menschen in der Nacht. Wir wollen Gott bitten:

- Leuchte den Menschen, die den Weg nicht mehr wissen
- Sei bei den Menschen, die in dieser Nacht krank sind und nicht schlafen können
- Vertreib die Angst
- Hilf den Streit und den Krieg zu beenden.

Lied

Freue dich, freue dich, Jesus wird geboren,
freue dich, freue dich, bald wird er geboren.
In einem Stall auf Heu und Stroh,
er macht unsere Herzen froh.
Freue dich sei froh.
Freue dich sei froh.

24. Dezember

Jesus wird geboren

Das Volk, das im Dunkel lebt, sieht ein helles Licht.
Denn uns ist ein Kind geboren,
ein Sohn ist uns geschenkt.
Der Friede ist groß, und
seine Herrschaft hat kein Ende. *Js 9, 1.5, 6*

Sich zum Fest versammeln

Die Krippenlandschaft ist gewachsen und bereitet. Der Christbaum ist aufgestellt, seine Lichter aber noch nicht entzündet. In den Wiesen oder am Weg entlang sind kleine Vasen vorbereitet, wenn möglich etwas verdeckt, in die später Blumen gesteckt werden können. Die Wurzel steht bei der Krippe, ebenso eine Vase für eine Rose. Eine neue größere Kerze steht bereit. Wir versammeln uns im Kindergarten zur Weihnachtsfeier, in der Familie am Heiligen Abend.

Lied

Seht, die gute Zeit ist nah, Gott kommt auf die Erde,
kommt und ist für alle da, kommt, daß Friede werde,
kommt, daß Friede werde. *(Siehe 1. Advent)*

Wir sind durch den Advent einen Weg gegangen und sehen ihn. Der Weg führt auf die Stadt Bethlehem zu.

○ *Mit* **Bausteinen** *und* **goldenen Kugeln** *wird an das Tor eine kleine Stadtmauer gebaut.*

Diese Stadt Bethlehem ist eine besondere Stadt. Sieht sie nicht königlich aus? Die Stadt für den König?
Ja, so hat einmal ein Gottesmann, ein Prophet, im Namen Gottes gerufen: „Du, Bethlehem, bist nicht die kleinste Stadt im Land Juda, denn aus dir wird einmal der König hervorgehen, der mein Volk regieren wird."
Heute hat sich die Zeit erfüllt. Davon wollen wir hören:

Das Weihnachtsevangelium hören

Vater, Mutter, Erzieherin erzählen das Evangelium (aus Lk 2, 1–20).

In jenen Tagen erließ der Kaiser Augustus den Befehl, alle Leute des Reiches sollten sich in Steuerlisten eintragen. Da ging jeder in seine Stadt, um sich eintragen zu lassen.
So zog auch Josef von Nazareth nach Bethlehem, denn dort war er geboren. Und er ging mit Maria, die das Kind erwartete.

○ *Alle Kinder machen die Schritte mit, auch verschiedene Arten von Schritten: Kinder gehen und Alte, schnell und langsam, schlurfen, hinken.*

Als sie dort waren, kam die Zeit, daß das Kind geboren werden sollte.
Sie suchten Unterkunft, doch die Türen blieben verschlossen.
Es war kein Platz für sie in der Herberge.
Da gingen sie hinaus in einen Stall, wo sie die Nacht blieben.

Diese Nacht ist eine besondere Nacht, es ist die Heilige Nacht.
In dieser Nacht wird das Jesuskind geboren. Maria wickelt es in Windeln und legt es in eine Krippe.

○ *Das* **„Jesuskind"** *wird getragen. Alle Kinder bereiten ihre* **Hände wie eine Krippe.** *Dann wird das Kind von Hand zu Hand, in jede Krippe, gelegt; danach in die Krippe im Stall.*

Lied, (leise)

Zu Bethlehem geboren ist uns ein Kindelein,
das hab ich auserkoren, sein eigen will ich sein.
Eja, eja, sein eigen will ich sein.

Als das Jesuskind geboren wird, da leuchtet ein großes Licht auf. Über der dunklen Stadt erstrahlt ein Licht.

○ *Die* **neue Kerze** *wird entzündet, dann die* **Lichter** *am Christbaum.*

Wenn wir die Lichter entzünden, denken wir daran: Wieviele Menschen sind im Dunkeln ...; Kinder sind allein und traurig ...; andere sind krank ... Hunger quält die Menschen. Menschen sind im Krieg, erleiden Gewalt und Haß ... Für sie alle sollen jetzt die Lichter brennen.

Wir öffnen die 24. Türe, schauen – singen – beten

Lied

O du fröhliche, o du selige, gnadenbringende Weihnachtszeit.
Welt ging verloren, Christ ward geboren,
Freue, freue dich, o Christenheit.

Wir sehen Maria und Josef mit dem Jesuskind.
Die Stadt wird hell.
Ein Baum schlägt aus und treibt Blätter.
Die Rose bricht aus der Erde hervor und blüht auf.
Ein Engel, ein Bote Gottes erscheint.
Hell wird der Himmel, die Nacht leuchtet wie der Tag.
Heute ist euch der Heiland geboren, der Retter, Jesus.

Da schauen die Hirten das Licht, sie fürchten sich.
Doch der Engel verkündet ihnen: „Heute ist euch der Heiland geboren, der Retter, Jesus, Christus der Herr.
Das soll euch das Zeichen sein. Ihr werdet ein Kind finden; in Windeln gewickelt, liegt es in einer Krippe.“
Da laufen die Hirten, sie eilen nach Bethlehem, um zu sehen, was ihnen der Engel verkündet hat.

○ *Die Kinder machen die schnellen* **Schritte** *mit.*

Und sie finden das Kind in der Krippe liegen, in Windeln gewickelt . . .
Sie staunen und knien nieder und beten es an.

Die Hirten sagen:

Du bist unser Heiland. – RUF
Du bist unser Retter. – RUF
Du bringst uns Freude. – RUF
Du bist der König des Friedens. – RUF
Du bist der gute Hirt und bringst uns Leben. – RUF

○ *Eine* **Rose** *wird zur Krippe gestellt;*
kleine **Blümchen** *werden in die Vasen*
auf den Feldern gesteckt.

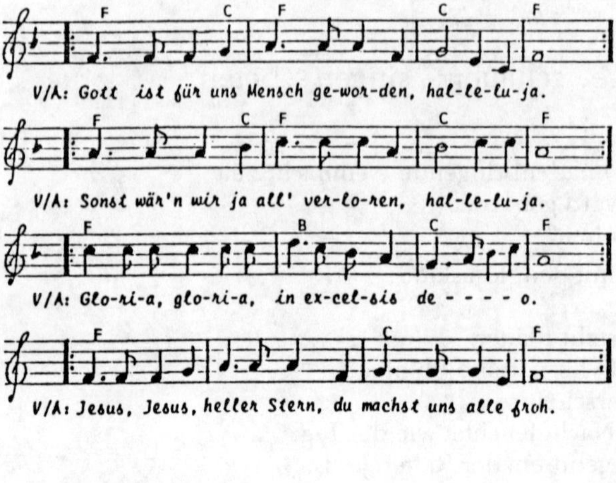